教育部中等职业教育专业技能课立项教材

保险客户服务

主编　郭富娜

中国人民大学出版社

·北京·

总　序

随着产业和信用体系的发展，金融行业结构发生了巨大的变化。集金融机构、金融交易、金融创新和金融服务于一体的金融服务项目，对现金清点、信用卡审核、证券业的客户服务等一线岗位人员仍有大量需求。金融行业发展所需要的人才是掌握咨询、营销和后台操作服务，具有跨领域专业知识背景、具备业务基本技能、动手能力强的复合型服务人才。

中等职业学校金融专业原有的培养方向比较单一，侧重银行柜员综合素质的培养，不适应金融行业发展的需求，教学内容与工作内容、教学过程与工作过程出现了“错位”。

依据北京市职业教育以工作过程为导向的课程改革经验，在示范校建设的有力推动下，本套教材的编写教师对金融岗位群的职业活动进行了广泛调研，走访了多家商业银行、保险公司、证券公司、财务公司、互联网金融企业等，调研其中适合中职生的岗位，明确岗位对中职生核心能力的要求，从银行、保险和证券三个方向进行了典型职业活动分析。

中等职业学校金融专业教材应以能力为本位，以适度够用、可持续发展为原则，以典型职业活动为切入点，明确教学载体，将学习过程与工作过程有机结合，体现“做中学，学中做”的教育理念。在教材开发上注重“教材”与“学材”相结合，既是教师的备课资源，也是学生的信息资源。在教学设计上突出理论与实践结合，以学生为主体、教师为主导，让教师成为教学的组织者、引导者和合作者，达到宽基础、强能力、广适应的培养目标。

本套教材结合了大量的企业真实案例，对企业素材进行深入加工，形成了“宜教宜学”的教学单元与教学任务，力求做到深入浅出、通俗易懂。因此，本套教材既可作为中等职业学校金融专业的教学用书，也可作为金融行业基层人员在岗培训和自学的参考读物。

在本套教材的编写中，编者参阅、借鉴了大量的国内外研究文献和企业素材，得到了北京市职业学校金融专业专家的指导，在此表示感谢！希望使用本套教材的教师及广大读者多提宝贵意见，以便今后不断地更新与完善教材。

严宝山

前　言

一、编写意义

“保险客户服务”课程是根据金融事务专业典型职业活动——保险客户服务直接转化而来的专业核心课程，是“保险理赔”和“保险销售”两门核心课程的后续课程，具有较强的实践性。

该课程的主要任务是使学生具备为客户提供咨询、投保服务，以及处理保单保全、理赔、投诉等业务的能力，培养学生的沟通和应变能力，使学生具备较强的服务意识。

二、教材特色

本书以中等职业学校金融事务专业学生的保险就业岗位群为导向，以保险客户服务的工作过程为课程的主线，学习单元设计遵循理论实践一体化和行动导向的教学原则。全书以典型职业活动和课程标准为设计依据，将保险客户服务的工作特点与学生的认知特点相结合，以职业活动为主线，以培养职业能力为本位设计教学内容。学习单元的设计和排列遵循职业人才成长规律和教育规律，依据保险客户服务的工作过程要求，将课程标准中的两个单元课程内容重新整合，选择“保险种类”这一载体，将本课程内容划分为人身保险客户服务和财产保险客户服务两个学习单元。将本课程要求掌握的知识能力分解设计成若干个工作项目和任务，并根据中职学生的认知特点来设计任务难点。

学生通过“保险客户服务”课程的学习和训练，可了解新单业务岗、保全服务岗、理赔岗和收付费岗等岗位的工作内容和工作过程，能够为保险客户提供交单、接单初审和新单受理服务，提供客户资料变更等保单保全服务，以及理赔处理等服务。

三、体例结构

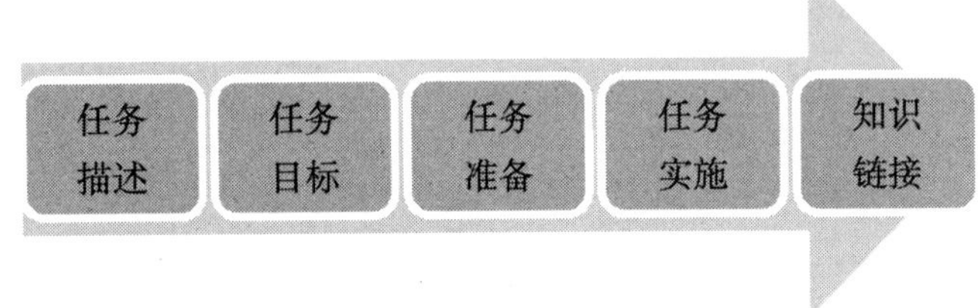

四、课程提示

保险业流传着一句话：“成于价格，败于服务。”客户服务是一个涉及公司员工素质、企业文化、工作流程等多方面的工作。客户服务质量的好坏、服务水平的高低决定着保险公司的兴衰存亡。

保险公司的客户服务部门包括新单业务岗、保全服务岗、理赔岗、单证管理岗、收付费岗、投诉咨询回访督察岗。新单业务岗，负责处理新单受理、承保的全过程，包括业务员交单，接单初审，新单受理，投保资料录入、交接、归档，核保等业务。保全服务岗，提供保险合同期间，为维持合同持续有效的一系列服务，包括客户资料变更、合同内容变更、生存金领取、合同解除、续期收费、合同复效、合同挂失补发等业务。理赔岗，负责赔案过程的所有业务，包括结案受理、调查取证、复核审批、理赔处理等业务。单证管理岗，主要负责业务单证的印刷、入库、申请领用、发放、调拨、核销、销毁和结算等。收付费岗，负责保险费、保险金等业务的收付行为。投诉咨询回访督察岗，负责处理客户的投诉，回复客户关于保险行业情况、保险市场情况、保险公司情况、现有保险产品及保险条款内容等方面的咨询，对客户进行新单回访、代办回访、失效回访、永久失效回访、给付回访等回访工作，并对业务员进行监督。客户服务部主管，管理并负责该部门的所有工作，也直接处理客户的投诉、纠纷及对业务员的督察工作。

本书中展示的保险客户服务中的各种单据和工作页面为浙江航大科技开发有限公司保险实务模拟教学软件平台操作过程截图。该软件将保险客户服务核心业务流程和专业知识有机结合，提供了一个拟真的“保险客户服务模拟实验平台”。该平台所涉及的保险公司及产品信息是为教学需要而编制，并不代表任何保险公司及任何产品。本书旨在通过一系列、多流程的软件操作，使学生真正掌握保险公司客户服务部门各个岗位的工作流程、岗位要求和主要工作内容，达到实践与理论共同提高的效果，增强学生的社会就业竞争力。

书中涉及的个人信息均因教学所需而拟，如有雷同，纯属巧合，敬请谅解。

五、编写人员

本书由中等职业学校教学一线教师郭富娜编写。本书在编写过程中得到了中国人寿保险股份有限公司、中国平安保险股份有限公司以及浙江航大科技开发有限公司有关行业专家和课改专家的指导、帮助，在此一并表示感谢。

由于水平有限，教材中难免存在疏漏之处，恳请广大读者批评指正。对广大读者的帮助和支持谨表示衷心的感谢!

编者

目　录

单元一　人身保险客户服务

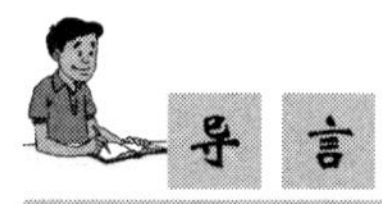

导　言

人身保险是由投保人与保险人互相约定保险金额，并按照约定的保险金额给付的保险。人身保险包括人身健康保险、人身意外保险和人寿保险。

下面以人身健康保险、人身意外保险和人寿保险为例，带领大家一起来熟悉人身保险客户服务的工作内容和工作过程。学习如何根据客户的具体要求，独立完成新单服务岗、保全服务岗、理赔岗、单证管理岗、收付费岗、投诉咨询回访督察岗的相应工作。

单元目标

通过本单元的学习，你应当能够：熟悉人身保险客户服务的工作内容和工作过程；根据客户的具体要求，独立完成新单服务岗、保全服务岗、理赔岗、单证管理岗、收付费岗、投诉咨询回访督察岗的相应工作。

项目一　人身健康保险客户服务

项目描述

客户基本信息如下：

- 姓名：李梅
- 性别：女
- 家庭住址及邮编：北京市海淀区西三环中路 120 号，邮编 100081
- 学历：本科
- 婚姻状况：已婚
- 生日：1977－11－03
- 身高：162cm
- 体重：55kg
- 身份证号码：110108197711038814
- 联系方式：13866666141
- 邮箱：limei@163. com
- 工作单位：北京成铭有限公司
- 职务：会计
- 单位电话：010－88276503
- 开户行及账号：中国银行 6210128932189877788

请以保险客户服务部门人员的角色，完成新单服务岗、保全服务岗、理赔岗、单证管理岗、收付费岗的相应工作。

项目目标

通过本项目的学习，你应当能够：

（1）熟悉新单服务岗的工作内容和工作过程，能够为人身健康保险客户提供业务员交单，接单初审，新单受理，投保资料录入、交接、归档，核保等服务。

（2）熟悉保全服务岗的工作内容和工作过程，能够为人身健康保险客户提供客户资料变更、合同内容变更等服务。

（3）熟悉理赔岗的工作内容和工作过程，能够为人身健康保险客户提供结案受理、调查取证、复核审批、理赔处理等服务。

（4）熟悉收付费岗的工作内容和工作过程，能够为人身健康保险客户提供收付费服务。

（5）熟悉客户接待礼仪，能够按礼仪标准为客户提供规范的服务。

（6）具备良好的服务意识和认真负责的工作态度。

任务一　提供人身健康保险投保服务（直接投保）

任务描述

2015 年 11 月 11 日，客户李梅向保险销售人员张立咨询人身健康保险产品情况。销售人员张立向其推荐康瑞终身重大疾病保险。李梅及家人经过考虑后决定购买。

投保书信息如下：

- 被保险人：李梅
- 身故保险金受益人：王新（李梅的丈夫），1976－04－10 出生，100％受益，受益顺序为 1，身份证号 110103197604102235
- 主险：康瑞终身重大疾病保险，基本保险金额 200 000 元，保费 7 600 元/年
- 交费频次：年交
- 首期/续期/续保交费方式：转账
- 续期保险费超过宽限期仍未交付时：保险费不自动垫交
- 红利分红方式：交清增额
- 其他：目前被保险人享有社会医疗保险，身体健康，年薪 12 万，无驾照

请按照新单服务岗和收付费岗的工作内容和工作过程，为其办理投保书审核、录单和缴费等手续。

任务目标

（1）熟悉新单服务岗的工作内容和工作过程，能够为人身健康保险个人客户提供业务员交单，接单初审，新单受理，投保资料录入、交接、归档，核保等服务。

(2) 熟悉收付费岗的工作内容和工作过程，能够为人身健康保险个人客户提供保险费和保险金等的收付服务。

一、直接投保

所谓直接投保，是指客户查看到保险公司的相关产品，直接向保险公司咨询投保，或是保险销售人员向客户介绍保险产品并最终促成签单的投保方式。

二、业务流程

人身健康保险直接投保流程如图 1-1 所示。

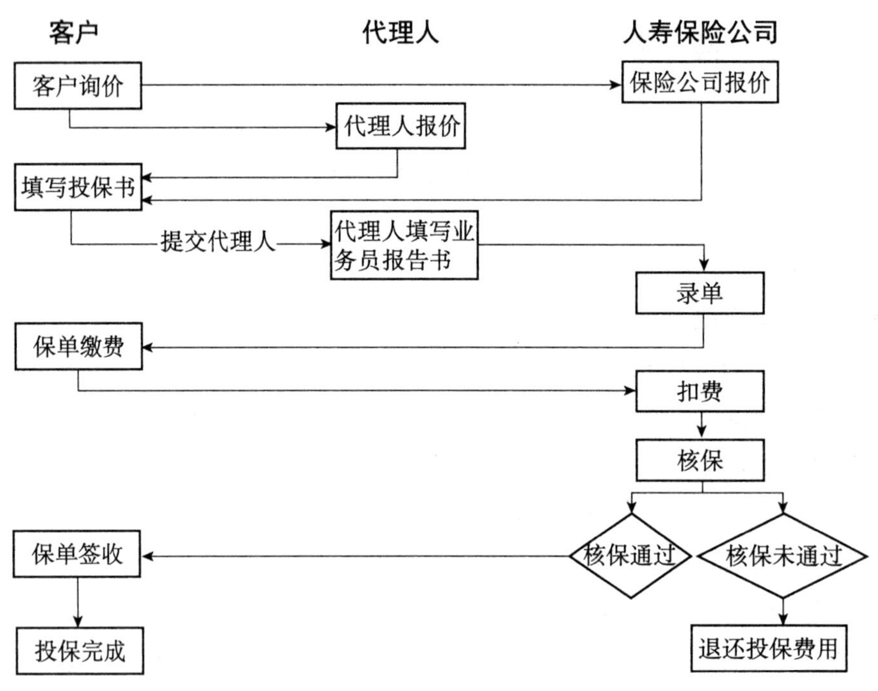

图 1-1　人身健康保险直接投保流程图

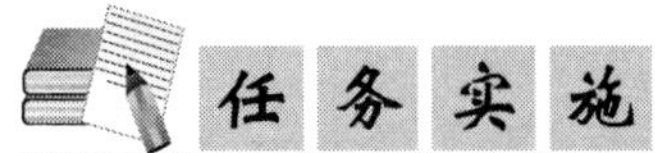

一、客户投保

保险销售人员张立指导李梅了解投保流程，填写人身保险投保书（见图 1-2），并提交相关资料。

中国平安保险公司

人身保险投保书

销售渠道	1
业务员姓名	张立
业务员代码	1800220017
业务员部组	营业销售部
暂收收据号	
保险合同号	

本次同时投保共 1 单,第 1 单(请用黑色墨水笔填写投保书)

投保人

姓名：李梅　性别：○男 ◉女　国籍：中国　户籍所在地：北京　学历：本科　婚姻状况：已婚

出生日期：1977-11-03　年龄：38　周岁　身高：162　厘米　体重：55　千克

证件类型：◉身份证 ○其他　证件号码:110108197711038814

工作单位：北京成铭有限公司　职务：会计　职业：　职业代码：2060300　代码查询

手机：13866666141　小灵通/市话通：区号　号码：　家庭电话：区号　号码：

办公电话：区号　号码：　分机：　联系首选方式：◉手机 ○小灵通/市话通 ○家庭电话 ○办公电话

联系地址：　省/直辖市　市　区/县　邮政编码：

家庭地址：北京　省/直辖市 北京　市 海淀　区/县 西三环中路120号　邮政编码：100081

E-mail：limeii@163.com　投保人是被保险人的：◉本人 ○配偶 ○父母 ○子女 ○其他

被保险人(投保人与被保险人为同一人时可不填写被保险人资料)

姓名：　性别：◉男 ○女　国籍：　户籍所在地：　学历：本科　婚姻状况：已婚

出生日期：　年龄：　周岁　身高：　厘米　体重：　千克

证件类型：◉身份证 ○其他　证件号码：

工作单位：　职务：　职业：　职业代码：　代码查询

手机：　小灵通/市话通：区号　号码：　家庭电话：区号　号码：

办公电话：区号　号码　分机　联系首选方式：○手机 ○小灵通/市话通 ○家庭电话 ○办公电话

联系地址：　省/直辖市　市　区/县　邮政编码：

家庭地址：　省/直辖市　市　区/县　邮政编码：

E-mail：

身故保险金受益人

姓名：王新　性别 ◉男 ○女　出生日期：1976-04-10　是被保险人的：丈夫　，是否为投保人：○是 ◉否

证件类别：◉身份证 ○其他　证件号码：110103197604102235　受益比例：100　%　受益顺序：1

姓名：　性别 ◉男 ○女　出生日期：　是被保险人的：　，是否为投保人：◉是 ○否

证件类别：◉身份证 ○其他　证件号码：　受益比例：　%　受益顺序：

投保事项(以下项目若未填选则视为未申请)　修改主险

	投保险种简称	基本保险金额(元)	保险期间	交费年期	期交/趸交保险费(元)
主险	康瑞终身	200 000	终身	年交	7 600
	被保险人配偶投保险种	基本保险金额	期交保险费(元)	被保人子女投保险种	基本保险金额期交保险费

	一年期意外险保险计划		被保险人				被保险人配偶	被保险人子女	说明：若被保险人配偶及子女身故，则受益人为其法定继承人。
			□计划A	□计划B	□计划C	自选计划			
附加险	基本保险金额	附加意外08	3万元	5万元	10万元				
		意外医疗08	1万元	1.5万元	2万元				
		意外住院08	3份	3份	3份				
	添加附加险								

图 1-2　人身保险投保书

期交/趸交保险费合计：(大写) 柒仟陆佰元整　　(小写) 7 600 元
追加保险费：(大写) 零元整　　(小写) 0 元
交费频次：◉年交 ○趸交 ○其他　　一年期主险/一年期附加险自动申请续保：◉是 ○否
首期交费方式：◉银行转账 ○自交　续期/续保交费方式：◉银行转账 ○自交
续期保险费超过宽限期仍未交付时，选择保险费自动垫交：○是 ◉否(仅当保险合同有现金价值日允许自动势将时适用)
养老金领取年龄：60　养老金领取方式：◉年领 ○月领
目前被保险人是否享有社会医疗保险或公费医疗保障：◉是 ○否 (此处所称的社会医疗保险指目前国内城镇居民按照国家有关规定参加的社会医疗保险，不包括农村合作医疗)
分红保险填写　红利选择方式： ○累积生息 ○抵交保险费 ◉购买交清增额保险 注：如选择抵交保险费方式，而抵交时的红利不足以抵交合同主险、附加险当时应交保险费合计时，投保人应补足差额，以保证合同有效。

转账授权

账户所有人姓名：李梅	开户银行：中国银行
账号 6210128932189877788	账户为：◉投保人结算账户 ○被保险人结算账户 ○投保人信用卡

1.账户所有人须以本人真实姓名开立结算账户，并授权中国平安保险公司(以下简称"本公司")和开户银行从该结算账户中划扣投保人的保单所需交付的各期保险费。账户所有人同意该结算账户中所扣交保险费优先于其他任何用途的支付。
2.在首期保险费采用转账支付的方式下，因账户内余额不足或其他非本公司原因导致转账不成功，投保人应重新办理转账或现金支付手续，未及时支付保险费将导致当次投保申请失败。当撤销/拒绝/延期投保并需退还预收保险费时，所有预收保险费无息退还账户所有人。
3.在续期保险费采用转账支付的方式下，账户所有人应在保险费应交日前将足额保险费存至该结算账户中，如在应交日前未将保险费存入账户，投保人应在保单宽限期内通过其他方式交纳续期保险费。因账户内余额不足或其他非本公司原因导致转账不成功而引起的责任，概由投保人承担。采用转账支付后，若保单连续四次未通过该结算账户转账交纳续期保险费，我司将停止对此账号扣款。
4.如果使用信用卡转账，投保人与信用卡持卡人须为同一人，并须符合银行关于信用卡的使用规定，本公司不承担非本公司原因导致的信用卡方面任何费用，如为信用卡转账而产生的退费需按银行规定退回原信用卡账户。
5.本授权书为账户所有人对本公司从其所提供的账号中扣款的授权证明，不作为收取现金的凭据。

健康告知(如保险条款中涉及对投保人承担保险责任事项，投保人栏必须填写)

询问事项	投保人		被保险人	
	是	否	是	否
01 您是否目前吸烟或曾经吸烟？若"是"，请告知每日吸烟量和吸烟年限。	☐	☑	☐	☑
	支/天	年	支/天	年
您是否已戒烟？若"是"，请在说明栏中告知戒烟时间及戒烟原因。	☐	☐	☐	☐
02 您是否目前饮酒或曾经饮酒？若"是"，请告知每周饮酒量和饮酒年限。酒的种类有①啤酒②葡萄酒③黄酒④白酒或洋酒等。	☐	☑	☐	☑
	种类 两/周	年	种类 两/周	年
您是否现已停止饮酒？若"是"，请在说明栏中告知时间及原因。	☐	☐	☐	☐
03 您目前或过去一年内是否去医院进行过门诊的检查、服药、手术或其他治疗？	☐	☑	☐	☑
04 您过去三年内是否曾有医学检查(包括健康体检)结果异常？	☐	☑	☐	☑
05 您过去五年内是否曾住院检查或治疗(包括入住疗养院、康复医院等医疗机构)？	☐	☑	☐	☑
06 您是否目前或过去一年内曾有过下列症状？ 反复头痛或眩晕、晕厥、咯血、胸痛、呼吸困难、呕血、黄疸、便血、听力下降、耳鸣、复视、视力明显下降、原因不明皮肤和黏膜及齿龈出血、原因不明的发热、体重下降超过5千克、原因不明的肌肉萎缩，原因不明的包块或肿物，身体的其他感觉异常或活动障碍？	☐	☑	☐	☑
07 您是否目前患有或过去曾经患过下列症候、疾病或手术史？若"是"，请在说明栏告知。 A．脑、神经系统及精神方面疾病，例如：癫痫、脑中风，脑炎、脑膜炎、脑血管瘤，运动神经元病、阿尔茨海默氏症、帕金森氏综合征、脊髓疾病、重症肌无力、多发性硬化、抑郁症、精神病、脑部手术史。 B．心血管的疾病，例如：高血压、冠心病、心绞痛、心律失常、心肌梗塞、先天性心脏病、风湿性心脏病、心肌病、室壁瘤、动脉瘤、心脏瓣膜病、主动脉疾病、下肢静脉曲张。 C．呼吸系统疾病，例如：慢性支气管炎、肺气肿、肺心病、哮喘、肺结核、肺栓塞、支气管扩张、尘肺、间质性肺病、肺纤维化。 D．消化系统疾病，例如：胃和/或十二指肠溃疡、胰腺炎、肝炎(请注明类型)、乙肝或丙肝病毒携带、多囊肝、肝内胆管炎、肝硬化、胆结石、慢性或溃疡性结肠炎、克隆病、腹部手术史。 E．泌尿系统疾病，例如：血尿、蛋白尿、尿路畸形、肾炎、肾病、肾脏功能全垒、尿毒症、肾移植、肾积水、肾囊肿、泌尿系统结石、泌尿系统手术史。	☐	☑	☐	☑

图 1－2（续图）

F. 骨骼、肌肉、结缔组织的疾病，例如：类风湿关节炎、强直性脊柱炎、椎管狭窄、脊柱裂、股骨头坏死、骨性关节炎、骨髓炎、皮肌炎、肌营养不良症、干燥综合征、系统性红斑狼疮。 G. 内分泌、血液系统疾病，例如：糖尿病、痛风、甲状腺或甲状旁腺疾病、白血病、血友病、再生障碍性贫血、地中海贫血。 H. 五官科疾病，例如：视网膜出血或剥离、青光眼、白内障、高度近视(800度以上)、美尼尔病、五官手术史。 I. 以上未提及的肿瘤：包括肉瘤、癌、良性肿瘤、息肉、囊肿。		
08 您是否曾滥用药物或服用毒品?若"是"，请在说明栏告知。	☐ ☑	☐ ☑
09 您是否有智能障碍?是否有失明、聋哑及言语、咀嚼或身体其他部位缺损，残疾或功能障碍? 若"是"请在说明栏说明智能障碍等级、残疾部位(哪侧)、原因、有无功能障碍、是否使用辅助器械。	☐ ☑	☐ ☑
10 女性补充告知: A. 您目前是否怀孕? 若"是"，怀孕 ___ 周。 B. 您怀孕及生产期间是否有合并症?例如：蛋白尿、高血压、糖尿病、宫外孕等。 C. 您是否曾有阴道异常流血、畸胎瘤、葡萄胎、盆腔炎或其他任何乳房、子宫、卵巢的疾病?	☐ ☑ ☐ ☑ ☐ ☑	☐ ☑ ☐ ☑ ☐ ☑
11 被保险人的父母、子女、兄弟姐妹是否曾患有癌症、心脑血管疾病、白血病、血友病、糖尿病、多囊肝、多囊肾、肠息肉或其他遗传性疾病?(若"是"，请在下表告知)		☐ ☑
12 两周岁以下(含两周岁)儿童补充告知: A. 请告知出生时体重。 B. 是否为早产、难产?出生时是否曾有产伤、窒息等异常情况? C. 是否有畸形、发育迟缓、惊厥、抽搐、脑瘫、先天性和遗传性疾病?		千克 ☐ ☐ ☐ ☐
13 您是否有参加赛车、赛马、搏击类运动、攀岩、潜水、滑雪、蹦极、飞行、探险或特技活动及其他高风险活动的爱好?若"有"，请在说明栏中告知参加的项目以及每年大约参加的次数。	☐ ☑	☐ ☑
14 家属栏(附加家庭保险时告知)：被保险人的配偶及子女是否有以上第1～第13项情况发生?	☐ ☑	☐ ☑

患病对象	所患疾病名称	患病时年龄	生存情况	身故时年龄
		周岁	☐健在 ☐身故	周岁
		周岁	☐健在 ☐身故	周岁

财务及其他告知

15 您固定的年收入为多少万元?	12 * 万元	12 *万元
16 A.您是否有机动车驾驶执照?若"有"，请告知驾照类型。 B.您是否曾违章驾车并发生交通事故? 若"是"，请在说明栏中告知次数、时间、违章类型。	☐ ☑* 类型 ____ ☐ ☑*	☐ ☑* 类型 ____ ☐ ☑*
17 A.在过去的两年中，您是否在本地以外的国家或地区(包括外地或境外)连续居住超过三个月? 若"是"，居住的国家或地区 ________，居住时间 ________ 个月。 B.近一年内，您是否计划出国? 若"是"，计划去的国家或地区 ________ 目的 ________ 居住时间 ________ 个月。	☐ ☑* ☐ ☑*	☐ ☑* ☐ ☑*
18 您目前是否已有或正在申请除本公司以外的人身保险? 若"是"，请在下面说明栏中详述投保险种、保险金额、承保公司和日期。	☐ ☑*	☐ ☑*
19 您是否投保其他保险公司的下列产品时，被非标准承保或申请过理赔? 产品：①人寿保险 ②重大疾病险 ③住院医疗险 ④意外险 ⑤其他保险 其结果为：①拒保 ②延期 ③附加条件或加费承保 ④提出或已经得到理赔	☐ ☑* 序号 ____ 序号 ____	☐ ☑* 序号 ____ 序号 ____

说明栏

若上述健康告知为"是"时，请注明对象(投保人、被保险人)，在本栏中详细说明。

序号 说明对象 疾病名称 发病时间 是否住院 接受的检查和治疗 诊疗医院 最近一次治疗时间 目前状况

若上述财务及其他告知为"是"时，请注明对象(投保人、被保险人)，并详细说明。

序号	说明对象	说明内容
1	________	
2	________	
3	________	

图 1-2（续图）

备注：

投保人、被保险人声明和授权(请您确认各项内容填写完整后亲笔签名)

1. 本人已认真阅读并理解**产品说明书**，对所投保险种条款尤其是保险人**责任免除条款、合同解除条款**均已了解并同意遵守。其他任何与本投保书各事项及保险条款不相符的解释，说明或书面承诺均无效。
2. 本人在投保书中的健康、财务及其他告知内容均属真实，与本投保书有关的问卷、体检报告书及对体检医生的各项陈述均确实无误，如有不实告知，中国平安保险公司(以下简称"贵公司")有权依法解除保险合同，并对合同解除前发生的保险事故不承担保险责任。所有告知事项以书面告知为准，口头告知无效。
3. 本人已知晓一年期主险／一年期附加险的保险期间为一年，选择自动申请续保方式下，如贵公司审核后同意续保，收取保险费后，保险合同／附加保险合同继续有效，如贵公司审核后不同意续保，不再收取保险费，保险合同／附加保险合同满期终止。如本人决定终止续保，应于一年期主险／一年期附加险满期日前亲自办理或委托贵公司服务人员办理终止续保手续。
4. 本投保书中转账账户所有人、开户银行和账号均真实可靠，特授权贵公司从该账户中划扣本保险合同所需交纳的各期保险费。
5. 本人已知晓：自贵公司收到首期暂收保险费或转账授权、确认投保人／被保险人已完成贵公司规定的投保手续起，至贵公司同意承保并签发保险单或不同意承保、签发不接受投保通知书之日止，以不超过10天为限，贵公司仅承担投保人申请险种的意外身故保险责任(免责条款约定的免责情形除外)，累计给付意外身故保险金最高限额不超过人民币二十万元，投保外汇保险时累计给付意外身故保险金最高限额不超过二十万元人民币的等值外币(参照事故发生当日中国人民银行授权中国外汇交易中心公布的银行间外汇市场交易货币对人民币的中间价)。如授权账户错误、账户金额不足或账户挂失、冻结、销户，则以上临时保障自始不成立。
6. 本人已知晓：本保险合同自贵公司审核投保申请后同意承保，收取首期保险费并签发保险单开始生效，具体生效日以保险单所载日期为准。
7. 本人已知晓：购买投资型、分红型产品时，投资有风险、分红不确定。
8. 本人授权贵公司可以从任何单位、组织和个人就有关保险事宜查询、索取与本人有关的资料和证明，贵公司对个人资料承担保密义务。
9. 本人所提供的全部个人资料，仅限于中国平安保险公司及其认为业务必要而委托的第三方为本人提供高质量的客户服务及推荐产品之用。中国平安保险公司及必要第三方对本人的个人信息负有保密义务。
10. 本人已知晓：生存保险金可留存于贵公司进行累积生息，保险合同效力中止期间或合同效力终止后，生存金将停止计息。
11. 本人已知晓本投保书不得作为收取现金的凭证。

投保人签名：李梅

投保申请日期：2015/11/11　　　　日期：2015/11/11

图 1－2（续图）

二、销售人员填写业务员报告书

为了更好地服务客户，保险销售人员张立指导客户填写完投保书后，还需填写业务员报告书，将其代理李梅投保的事宜向公司营销部进行汇报，如图 1－3 和图 1－4 所示。

中国平安保险公司

业务员报告书

业务员姓名：张立　　　　业务员部组：营业销售部

业务员代码：1800220017　　　　投保书条形码：

A.被保险人有关资料(所有申请，必须填写此部分):

1.姓名：李梅　　性别：女　　年龄：38

2.你认识被保险人多久？　一年

3.投保经过：业务员推销

4.投保目的：保障家庭收入

5.目前从事何种职业？会计　　从事本职业年限：16　　年

6.估计全年收入(包括基本工资和红利)：去年 12　　万元 前年 12　　万元

7.从外观看，被保险人是否成病态或有生理缺陷？否

8.你是否曾听闻被保险人有疾病或接受医生治疗？否

B.投保人有关资料(如投保人非被保险人本人，必须填写此部分;若投保人与被保险人为同一人，则仅填写4~7项):

1.姓名：　　　　与被保险人关系：

2.目前从事何种职业？　　　　从事本职业年限：　　　　年

图 1－3　业务员报告书

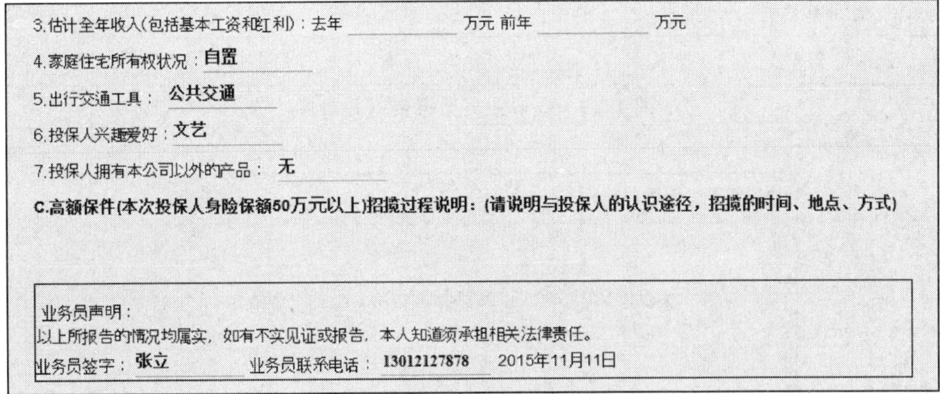
3.估计全年收入(包括基本工资和红利)：去年 ______ 万元 前年 ______ 万元
4.家庭住宅所有权状况：自置
5.出行交通工具：公共交通
6.投保人兴趣爱好：文艺
7.投保人拥有本公司以外的产品：无
C.高额保件(本次投保人身险保额50万元以上)招揽过程说明：(请说明与投保人的认识途径，招揽的时间、地点、方式)

业务员声明：
以上所报告的情况均属实，如有不实见证或报告，本人知道须承担相关法律责任。
业务员签字：张立　业务员联系电话：13012127878　2015年11月11日

图 1－3（续图）

序号	投保单编号	投保人	被保险人	投保时间	报告书
1	13000201500039	李梅	李梅	2015/11/11	递交

图 1－4　业务员报告书递交单

三、录单

中国平安保险公司新单服务岗录单员查看保险销售人员张立递交的投保单和业务员报告书，然后录入投保单，如图 1－5～图 1－7 所示。

图 1－5　进入录单管理页面

序号	投保单编号	投保人	销售人员	业务员报告书	主险名称	投保日期
1	13000201500039	李梅	张立	查看	康瑞终身（795）	2015/11/11

图 1-6　查看业务员报告书并录单

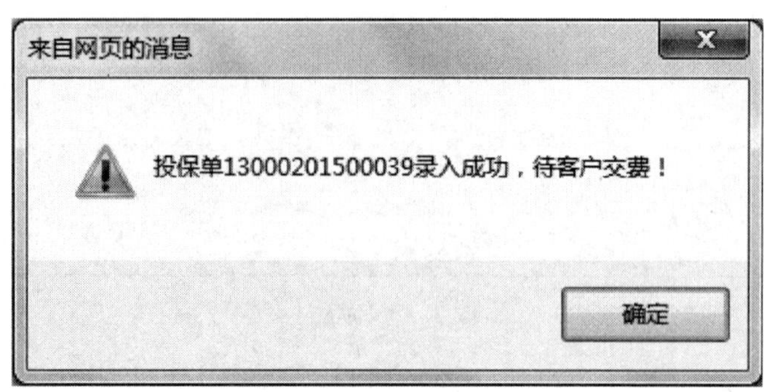

图 1-7　录单完成

四、保单缴费

中国平安保险公司录单后，销售人员张立通知客户李梅缴纳保险费 7 600 元，如图1-8和图 1-9 所示。

序号	投保单编号	保险公司	业务员报告书	主险名称	投保日期	处理
1	13000201500039	中国平安保险公司	查看	康瑞终身（795）	2015/11/11	已缴费

图 1-8　保单缴费

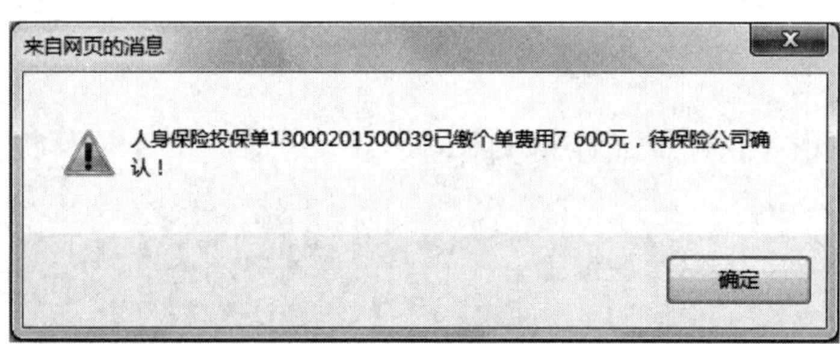

图 1-9　缴费成功

五、扣费

中国平安保险公司财务部收付费岗人员对缴费保单进行扣费处理，如图 1-10～图 1-12 所示。

图 1 - 10　进入保单扣费页面

序号	投保单编号	投保人	销售人员	业务员报告书	主险名称	投保日期
1	13000201500039	李梅	张立	查看	康瑞终身（795）	2015/11/11

图 1 - 11　查看缴费保单

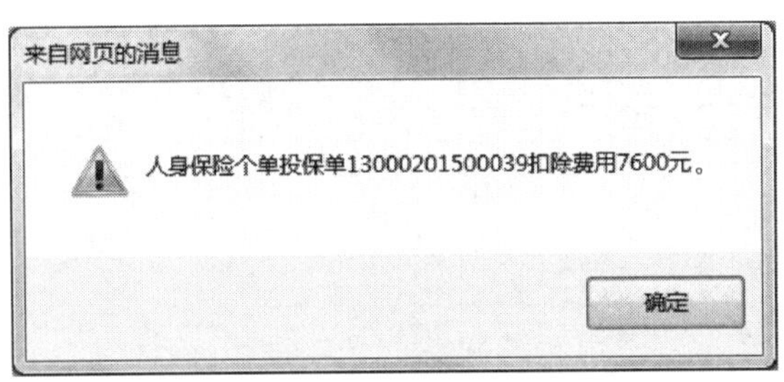

图 1 - 12　扣费完成

六、核保

扣费成功后，中国平安保险公司核保部人员审核投保单、投保事项、健康告知、财务及其他告知，填写核保说明以及是否给予通过。核保后保单正式生效，如图 1 - 13、图 1 - 14 和图 1 - 15 所示。（保险条款：略）

图 1 - 13　进行核保

给予通过

核保说明：

图 1－14　填写核保说明

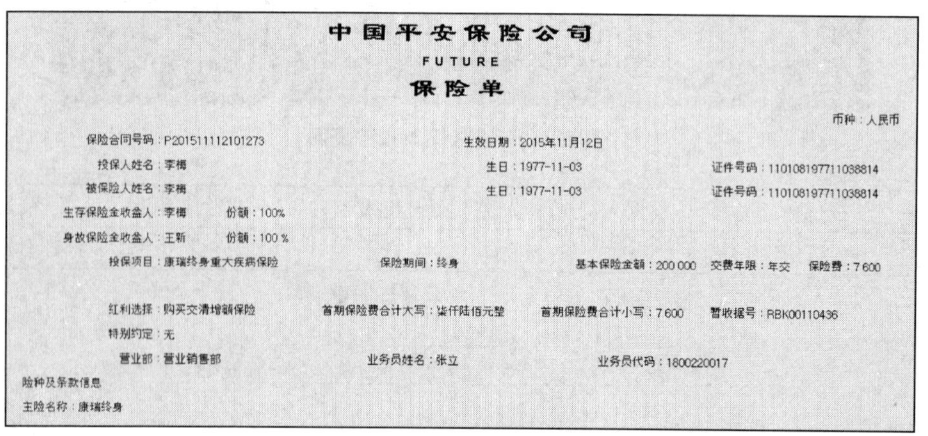

中国平安保险公司

FUTURE

保险单

币种：人民币

保险合同号码：P201511112101273　生效日期：2015年11月12日

投保人姓名：李梅　生日：1977-11-03　证件号码：110108197711038814

被保险人姓名：李梅　生日：1977-11-03　证件号码：110108197711038814

生存保险金收益人：李梅　份额：100%

身故保险金收益人：王新　份额：100%

投保项目：康瑞终身重大疾病保险　保险期间：终身　基本保险金额：200 000　交费年限：年交　保险费：7 600

红利选择：购买交清增额保险　首期保险费合计大写：柒仟陆佰元整　首期保险费合计小写：7 600　暂收据号：RBK00110436

特别约定：无

营业部：营业销售部　业务员姓名：张立　业务员代码：1800220017

险种及条款信息

主险名称：康瑞终身

图 1－15　生成正式保险单

七、保单签收

保险公司扣费后，保险销售人员张立将正式投保单转交给客户李梅。李梅查看无误后签收。张立将信息反馈给保险公司营销部，如图 1－16 和图 1－17 所示。

序号	保险单号	保险公司	主险名称	投保时间	操作
1	P201511112101273	中国平安保险公司	康瑞终身（795）	2015/11/11	已签收

图 1－16　签收保单

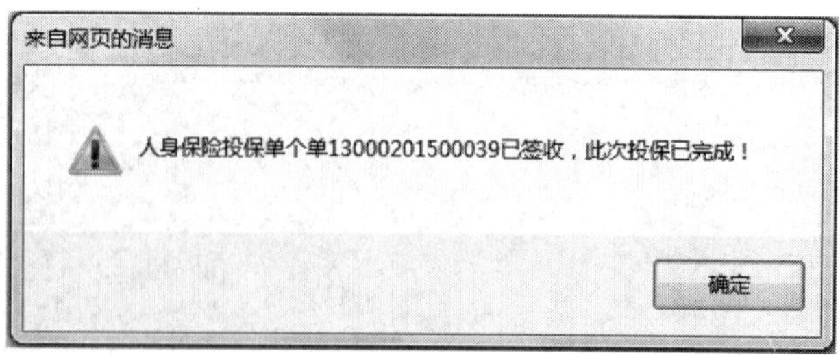

图 1－17　投保完成

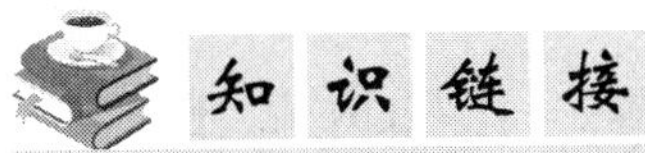

一、客户服务礼仪

礼貌待客讲究即时应对，包括时间即时、空间即时和语言即时。

所谓时间即时就是说向走进来的客户及时打招呼。例如，只要客户向走近销售窗口 1 米之内，你就要在 5 秒钟之内打招呼，以便让客户感受到你的热情。空间即时就是在距离上接近客户。接近的程度由于各地的文化背景不同而有所区别。语言即时就是客户以不同方式表示出有问题时，能够迅速应答，而不能说“那不是我部门的事”或者“我不是您要找的人”。细微的语言差异往往导致完全不同的结果，所以最好使用积极的语言。例如，用“咱们一起来看看是什么问题”，就比使用被动语言“这个问题得琢磨琢磨”要有礼貌得多。

二、在柜台接待客户时的注意事项

(1) 微笑服务，主动问候。在办公室接待客户时应起立，微笑迎接，主动让座，斟茶倒水。

(2) 客户来访，应主动询问，严格执行“首问负责制”。如遇到自身无法解决的问题，应将客户带到相关人员处，衔接后再与客户告别，确保客户所遇到的问题得到协调解决。

(3) 与客户见面时应按下列顺序介绍：

1) 将本公司人员介绍给客户；

2) 将职位低的介绍给职位高的；

3) 将年轻者介绍给年长者；

4) 将男性介绍给女性。

(4) 递名片要双手递出，接名片要双手接过，客户名片要慎重保管，不可随意乱放。

(5) 接受客户递交的资料，要双手接过。

(6) 客户离开时，应主动送行，友好告别，重要客户应送至门口或车旁。

任务二　提供人身健康保险保单变更服务（其他变更类）

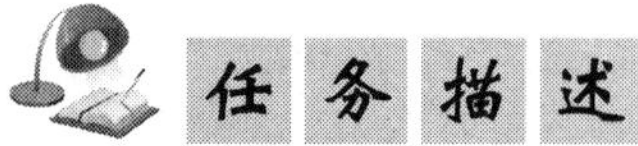

2016 年 3 月 21 日，客户李梅提出要求变更保险分红方式（红利选择权）为累积生息，请为其提供保单变更服务。

（1）熟悉保全服务岗的工作内容和工作过程，能够为人身健康保险客户提供客户资料变更等服务。

（2）熟悉客户接待礼仪，能够按礼仪标准为客户提供规范服务。

（3）具备良好的服务意识和认真负责的工作态度。

任务准备

（1）保单变更。保单变更是指在合同有效期内，经投保人和保险人协商同意，修改合同的有关内容。

（2）其他变更类项目明细：年龄性别错误更正、投保人变更、交费频次变更、交费年期变更、红利选择权变更、累积红利领取、减额交清、其他。

（3）保单变更流程如图 1－18 所示。

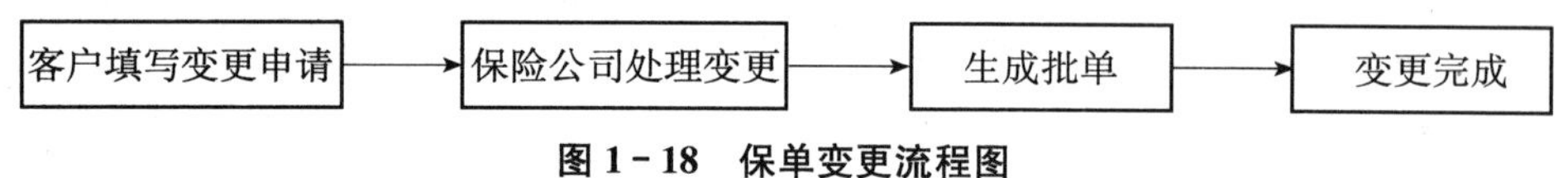

图 1－18　保单变更流程图

一、客户提出变更申请

2016 年 3 月 21 日，客户李梅要求保险销售人员张立为其变更保险分红方式。张立指导其填写保险合同保单变更申请书（见图 1－19），并将申请书和相关材料递交给中国平安保险公司保全业务部。

中国平安保险公司

FUTURE

保险合同变更申请书（其他变更类）

保单号码 P201511112101273　　投保人 李梅　　申请日期 2016-3-21

一、填写说明：　请详细阅读申请书终端用户面的客户须知，然后用黑色钢笔或黑色签字笔在变更项目前的□内打√，并正楷填写变更内容。

二、变更项目和内容：

变更项目	内容
301 □ 年龄性别错误更正	变更对象： 性别：　出生日期： 证件类型： 有效证件号码：
302 □ 投保人变更 变更投保人请同时变更续期交费方式。 如果保单存在投保人身故或全残豁免责任的险种须同时填写新投保人健康及财务告知。	投保人变更原因： 新投保人姓名： 是被保险人： 新投保人客户代码(　　)客户代码由公司填写，如果新投保人无客户代码，请填写下栏详细内容： 性别：　出生日期： 证件类型： 有效证件号码： 国籍　户籍所在地　学历　职业　职业代码 工作单位：　职务： 联系地址　邮政编码：
303 □ 交费频次变更	
304 □ 交费年期变更	交费年期变更为：　年 本项目只受理交费年期缩短的申请，且变更后的交费年期需符合条款的约定。
305 ☑ 红利选择权变更	**累积生息**　如果您选择2抵交保费，交费期满后抵交保费方式自动变更为累积生息 方式
306 □ 累积红利领取	金额(小写)：　元
307 □ 减额交清	填写本栏视为您已详细阅读并同意申请书背面的"减额交清客户须知"内容。
308 □ 保单补发	1、原保单自补发之日起作废；2、保单补发后同时解除保单挂失；3、保单补发将收取工本费10元。
□ 其他：	

三、保险款项收付方式：

□ 转账方式	□ 续期交费账户 □ 其他账户 开户银行：　代码(由公司填写)： 钞汇类型(外币险种填写) 账户所有人姓名：　结算账号：
☑ 柜面收付方式	

四、批单/函件送达方式：

□ **邮寄** ☑ **自领**

五、申请类型：

☑ **本人申请** □ **委托服务人员代办** □ **委托他人代办**

六、申请人声明和签名：

1 本人已经详细阅读并同意客户须知；2 客户信息使用声明：本人所提供的全部个人资料，仅限于中国平安保险公司及其认为业务必要而委托的第三方为本人提供高质量的客户服务及推荐产品之用。中国平安保险公司及必要第三方对本人的个人信息负有保密义务。

投保人签名	被保险人或其监护人签名	其他被保险人或其监护人签名	生存受益人或其监护人签名
李梅	李梅	李梅	李梅

图 1－19　填写保险合同变更申请书

二、保险公司审核变更申请

中国平安保险公司保全服务部人员查看李梅的变更申请，对申请事项进行审核，并在变更申请表上填写“同意变更”字样，生成变更批单后保单正式生效，如图 1－20～图 1－24 所示。

图 1－20　进入保全业务部

八、公司受理人员填写：签名：张三　　受理日期：2016-03-22

处理说明：同意变更

图 1－21　填写变更说明

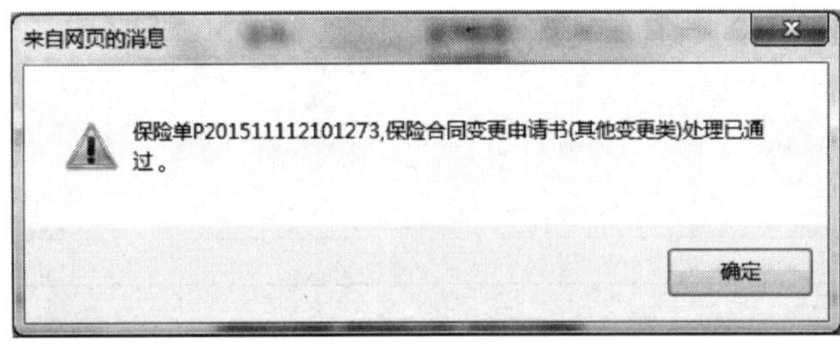

图 1－22　变更处理

批单

保险单号：P201511112101273　　批单号：P2015111121012731

申请人：李梅　　申请日期：2016-3-21

批改项目：红利选择权变更

批改前：交清增额

批改后：累积生息

图 1－23　填写变更批单

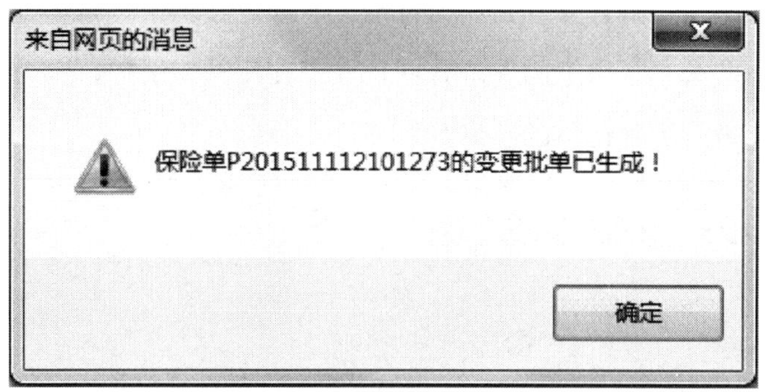

图 1-24　审核通过，生成批单

一、保险合同变更应提交的材料

保险合同的变更比较复杂，主要有下述七种常见情况。

（一）投保人、被保险人、受益人的姓名、出生日期、有效证件号码及性别的变更

此类变更的申请人为投保人；被更正人须在申请书上亲笔签名。

1. 应收取的资料

（1）《保险合同变更申请书》；

（2）投保人的有效身份证件原件；

（3）变更信息人的有效身份证件原件；

（4）其他证明材料，如户口本、派出所（当地公安机关）证明等。

2. 具体业务规定

（1）变更时间：保险合同有效期间内，可随时提出申请。

（2）这里的变更仅指客户信息的变更，并非投保人、被保险人及受益人的变更。

（3）如果同时进行客户姓名及身份证号码或出生日期的更正，须提供公安机关开具的证明材料。

（4）变更身份证号码或出生日期时，如果影响到被保险人年龄及费率的变动，

应按照条款中关于“年龄计算及错误的处理”的规定办理。

（5）如客户持有一张以上的保险合同，并存在相同错误的，则需同时办理变更。

（6）变更生效日为确认信的签发日。

（二）通信地址、住址的变更

此类变更的申请人为投保人。

1. 应收取的资料

应收取《保险合同变更申请书》。

2. 具体业务规定

（1）变更时间：保险合同有效期间内，可随时提出申请。

（2）投保人应在通信地址或收费住址发生变化时，及时以书面形式通知保险公司；否则，保险公司以保险合同记载的最后地址发送有关通知，将视为已送达。

（3）投保人通信地址是保险公司与投保人联系的地址，住址即客户的家庭地址。

（4）通信地址、住址的变更应同时提供相应邮政编码及电话号码。

（5）变更通信地址、住址不必提交保险合同。

（三）交费方式、银行账号的变更

此类变更的申请人为投保人。

1. 应收取的资料

（1）保险合同正本；

（2）《保险合同变更申请书》；

（3）《自动转账授权书》；

（4）投保人的有效身份证件原件；

（5）投保人的银行账户原件。

2. 具体业务规定

（1）变更时间：保险合同有效期间内，可随时提出申请。

（2）收费方式变更只受理由“现金”变更为“转账”。

（3）变更生效日为确认信签发日。

（四）投保人变更

此类变更的申请人为原投保人及新投保人，需原投保人、新投保人及被保险人均亲笔签字确认同意。如委托代办，需提供经过公证的授权委托书。

1. 应收取的资料

（1）保险合同正本；

（2）《保险合同变更申请书》；

（3）原投保人、新投保人及被保险人的有效身份证件原件；

（4）新投保人的银行账户原件；

（5）新投保人填写的《补充告知问卷》（条款中含有投保人保障责任）等。

2. 具体业务规定

（1）变更时间：保险合同有效期间内，可随时提出申请。

（2）被保险人为未成年时，投保人不能变更为其法定监护人以外的人员。

（3）更改后的投保人身份应符合相应条款的规定。

（4）投保人变更，不影响保险公司在此之前根据保险合同所做的任何给付处理。

（5）投保人变更时，应提供新的个人资料、选择保险费付款方式，若选择转账，则办理授权账号订立手续并终止原授权账号。

（6）主险变更投保人，健康保险随之进行批改。

（7）对条款列有投保人保险责任的险种，一般不得更换投保人。特殊情况下（如夫妻离异、投保人出国、入狱等）的更改，须提供健康告知材料等有关证明，送交公司核保进行个案处理。

（8）若有借款或预交、欠交保费等事项，必须进行清偿或另按约定处理，才能更换投保人。

（9）更改投保人应由被保险人（或其法定监护人）、原投保人、更改后的投保人签字同意。

如原投保人死亡、失踪或因其他特殊原因导致原投保人无法亲笔签名，需提供有关证明（如死亡证、公安局证明、法院判决书等），在投保人法定继承人放弃该合同权益（如退保权）的前提下，原则上由被保险人（或其法定监护人）成为新投保人。

(10) 投保人更换时，如果保险合同尚有欠款及利息未归还，或存在属于投保人的应领未领款项。保险公司需提请客户做如下处理（两种方法中任选一种），否则保险公司不予办理投保人更换：

1) 办理欠款清偿或应领款项领取手续。

2) 新投保人书面承诺保险合同项下的一切未偿还欠款及利息由新投保人承接；或投保人书面声明保险合同项下的投保人应领未领款项归新投保人（或被保险人、受益人）所有。

(五) 变更受益人

此类变更的申请人为投保人、被保险人；但投保人申请变更受益人时，须征得被保险人同意。

1. 应收取的资料

(1)《保险合同变更申请书》；

(2) 保险合同正本；

(3) 投保人、被保险人、受托人（若委托他人办理）的有效身份证件原件。

2. 具体业务规定

(1) 变更时间：在保险合同有效期内，且尚未发生保险事故前的任意时间内均可以申请。

(2) 受益人更改必须以被保险人生存为前提，且客户申请时尚未发生保险事故。

(3) 受益人为数人时，变更时必须重新确立所有受益人，并注明受益人姓名、身份证号码、受益顺序、受益份额等。未确定受益份额的，受益人按相等份额享有受益权。各受益人的受益份额之和为100%。

(4) 投保时指定了生存受益人（非被保险人本人）的，若生存受益人在未开始领取前死亡，被保险人可以另行指定受益人。

(5) 主险变更受益人，附加险随之进行批改。

(六) 签名变更

此类变更的申请人为投保人及签名变更人。

1. 应收取的资料

(1) 保险合同正本;

(2)《保险合同变更申请书》;

(3) 投保人及签名变更人的有效身份证件原件。

2. 具体业务规定

(1) 变更时间:保险合同有效期间内,可随时提出申请变更签名。

(2) 如客户有多张保单的签名与现在不一致,需同时进行变更。

(七) 补发保险合同

此类变更的申请人为投保人。

1. 应收取的资料

(1)《保险合同变更申请书》;

(2) 投保人的有效身份证件原件。

2. 具体业务规定

(1) 变更时间:保险合同有效期间内,若保险合同丢失或损坏,投保人可随时提出申请。

(2) 效力中止的保险合同应同时办理复效手续。

(3) 补发合同前如进行过重要保单变更,需同时打印变更确认信并粘贴在补发的保险合同中。

(4) 自补发之日起,原保险合同作废。

(5) 新补发的保险合同将加盖补发合同章。

二、对客户投诉的处理

(一) 不要推卸责任

当问题发生时,保险客户服务人员不能逃避责任,说这是别人的错。即便你知道是谁的错也不要责备你的同事,这么做只会让客户对公司留下不好的印象,同时对你也会留下坏印象。

（二）道歉总是对的（即使客户是错的）

当不是自己的过错时，人们一般不愿意道歉。但是，为平复客户的情绪，即使客户是错的，也应当道歉。一定要为客户情绪上受到的伤害表示歉意。服务人员要记住，客户不完全是对的，但客户永远都是第一位的。

（三）道歉要有诚意

一定要发自内心地向客户表示歉意，不能口是心非、皮笑肉不笑，否则就会让客户觉得你是心不在焉地敷衍。当然，也不能一味地使用道歉的字眼儿来搪塞。

（四）不要说“但是”

当道歉时，最常说的话是：“我很抱歉，但是……”。这个“但是”否定了前面的话，使道歉的效果大打折扣。差错的原因通常与内部管理有关，客户并不想知晓，这样解释会被客户认为是在推卸责任。

（五）为被投诉道歉

要为被投诉道歉，而不是去责备谁。即使在问题的归属上还不是很明确，需要进一步确认责任承担者时，也要首先向客户表示歉意。但要注意，不要让客户误以为公司已完全承认自己的错误，我们只是为被投诉而道歉。

道歉时，可以用这样的语言：“让您不方便了，对不起。”“给您添了麻烦，非常抱歉。”这样的道歉既有助于平息客户的愤怒，又可避免客户产生误解。

三、与客户建立“共鸣式”的关系

（一）理解共鸣

共鸣通常是指站在他人的立场，理解他们的能力。共鸣与同情不同，同情会卷入他人的情绪，并丧失客观的立场。

（二）建立“共鸣式”关系的目的

对客户的遭遇深表理解，这是化解怨气的有力武器。当客户投诉时，他最希望自己的意见受到对方的尊重，自己能被别人理解。与客户建立“共鸣式”的关系就是要促使双方换位思考，在投诉处理中，有时一句体贴、温暖的话语，往往能起到化干戈为玉帛的作用。

（三）建立“共鸣式”关系的原则

与客户建立“共鸣式”关系的原则就是换位思考、真诚地理解客户，而非同情。只有站在客户的角度，想客户之所想，急客户之所急，才能与客户形成共鸣，即“如果我是客户，碰到这种情况，我会怎么样呢?”

四、有效控制情绪

当客户发怒时，客服人员要处理的第一件事是控制自己的情绪。当客户进行投诉时，往往心情不好，客户的语言或者行为会让我们的员工感受到攻击、不耐烦，从而被惹火或难过，容易产生冲动，丧失理性，甚至“以暴制暴”，这样会使事态发展更加复杂，使公司服务和信誉严重受损。

（一）控制情绪的原则

客服人员可以不同意客户的投诉内容，但必须认可客户的投诉方式。客户投诉是因为他们的需求没有被满足，所以我们应充分理解客户的投诉和他们可能表现出的失望、愤怒、沮丧、痛苦或其他过激情绪等，不要受他们的情绪影响或责怪任何人。

（二）控制情绪的技巧

控制情绪可采用以下技巧：

（1）深呼吸，平复情绪。要注意呼气时千万不要大声叹气，避免给客户造成不耐烦的感觉。

（2）思考问题的严重程度。

（3）提升认识高度。要记住，客户不是对你个人有意见，即使看上去是针对你。

（4）以退为进。如果有可能，给自己争取点时间，如“我需要调查一下，10 分钟内给您回电”“我需要两三分钟时间同我的主管商量这个问题，您是愿意稍等一会儿呢，还是希望我一会儿给您打回去?”要注意的是，必须确保在约定时间内兑现承诺。

任务三　提供人身健康保险理赔服务（正常理赔）

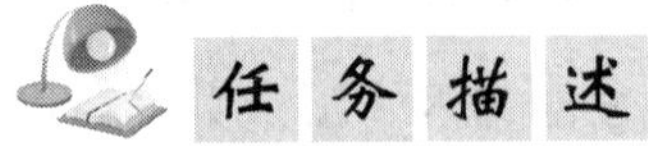

2016 年 6 月 24 日，李梅参加体检时，发现甲状腺肿瘤。在人民医院经主治医生确诊为甲状腺肿瘤并进行手术治疗。

李梅（未在其他保险公司投保人身健康保险）现已结束治疗，医疗花费共计 50 000元。2016 年 7 月 11 日，李梅本人向中国平安保险公司报案并提交理赔申请书和相关材料。

请为保险客户提供结案受理、调查取证、复核审批、理赔处理等服务。赔偿款领款方式为转账（人民币），实际赔付 200 000 元和当年红利，保险责任终止。

任务目标

（1）熟悉理赔岗的工作内容和工作过程，能够为人身健康保险客户提供结案受理、调查取证、复核审批、理赔处理等服务。

（2）熟悉收付费岗的工作内容和工作过程，能够为人身健康保险客户提供赔款支付服务。

（3）熟悉客户接待礼仪，能够按礼仪标准为人身健康保险客户提供规范的服务。

（4）具备良好的服务意识和认真负责的工作态度。

人身健康保险理赔流程如图 1－25 所示。

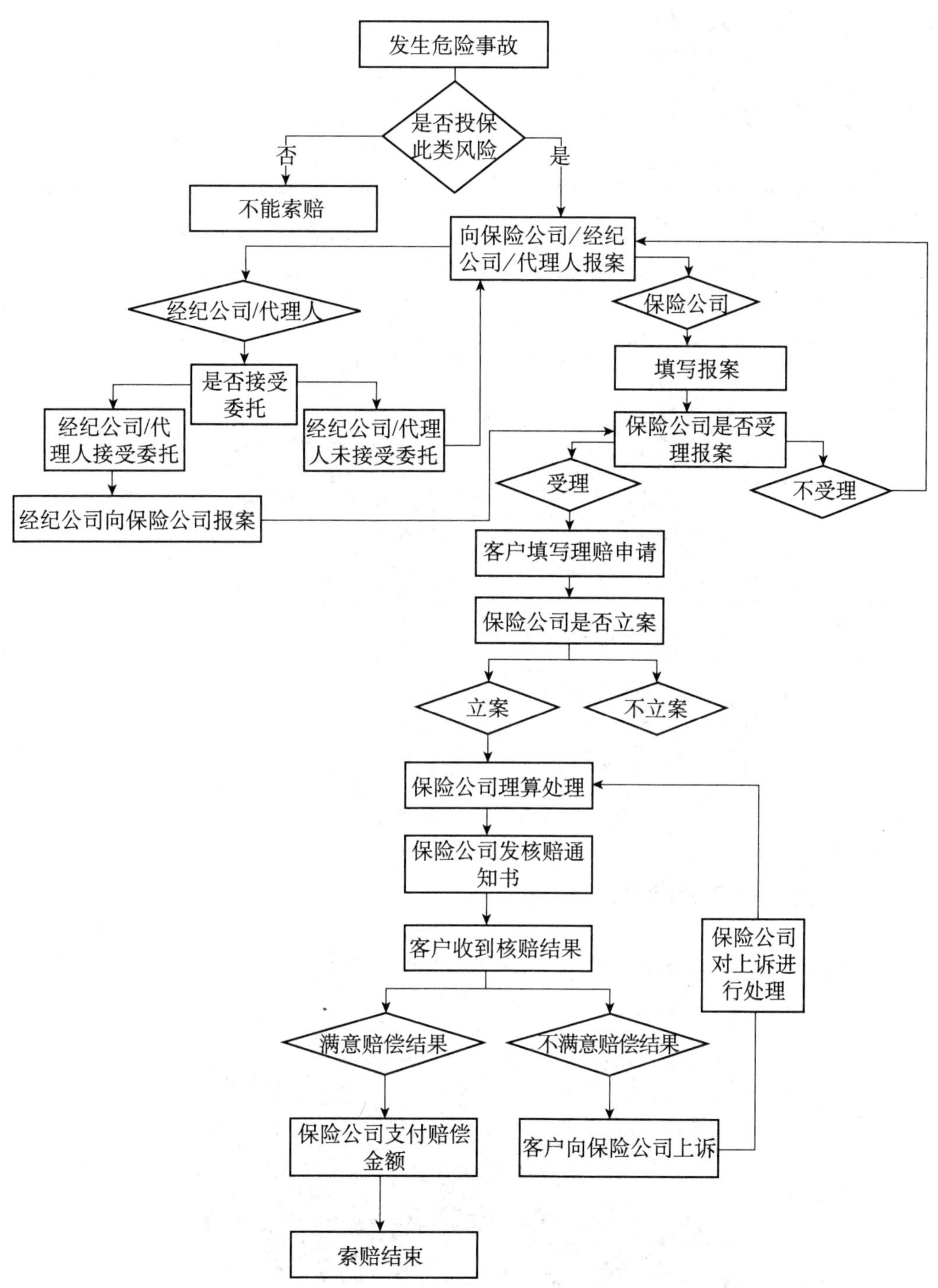

图 1-25　人身健康保险理赔工作流程图

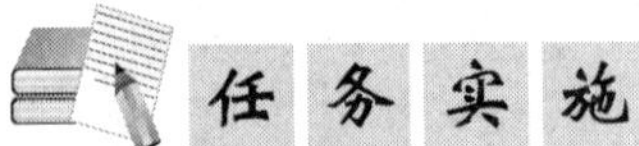

任务实施

一、客户报案

客户李梅向中国平安保险公司的保险销售人员张立报告了自己生病住院的情况。张立指导其向保险公司理赔部门报案，如图 1－26 和图 1－27 所示。

序号	事件名称	发生时间	报案状态
1	疾病住院	2016/06/24	未报案

图 1－26　选择待报案保单

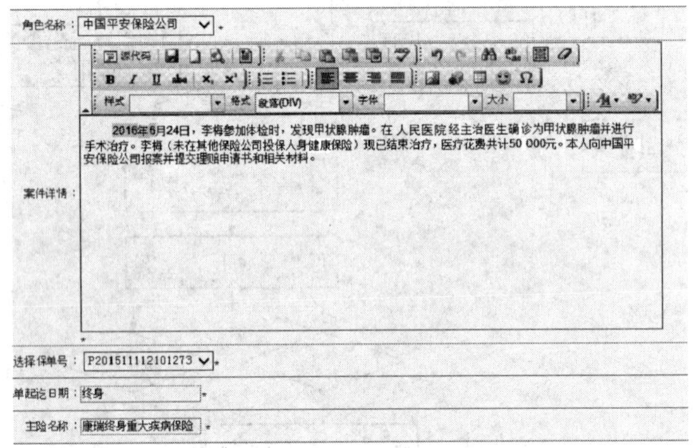

图 1－27　报案

二、保险公司受理报案

中国平安保险公司理赔工作人员对李梅报案的实际情况进行审核。如图 1－28～图 1－30 所示。

图 1－28　进入报案处理页面

序号	案件名称	发生时间	当事人	报案日期	处理结果	报案号	操作
1	疾病住院	2016－06－24	李梅	2016/07/11	未处理	80014000009	未受理

图 1－29 查看保单、选择待处理的报案

对象角色：人寿保险公司

角色名称：中国平安保险公司

报案人：李梅

案件详情：2016年6月24日，李梅参加体检时，发现甲状腺肿瘤。在人民医院经主治医生确诊为甲状腺肿瘤并进行手术治疗。李梅（未在其他保险公司投保人身健康保险）现已结束治疗，医疗花费共计50000元。本人向中国平安保险公司报案并提交理赔申请书和相关材料。

保单号：P201511112101273

保单起讫日期：终身

主险名称：康瑞终身重大疾病保险

保险公司处理状态：受理报案

保险公司受理时间：2016-7-11

保险公司受理描述：同意受理

图 1－30 受理报案

三、投保人递交理赔申请

中国平安保险公司受理报案后，保险销售人员张立指导客户李梅填写理赔申请并递交理赔资料给保险公司理赔中心，并授权其可以调阅相关资料，如图 1－31～图 1－33 所示。

图 1－31 进入理赔申请页面

中国平安保险公司

FUTURE

为确保您的正当权益,在填写前敬请详阅《填写指南》

理赔申请书
（含资料调阅授权书）

事故者姓名	李梅	保险单号	P201511112101273
证件类型	☑身份证 □其他	证件号码	110108197711038814
事故者类型	☑被保险人 □投保人 □被保险人之配偶 □被保险人之子女		
申请类型	□意外医疗 □疾病医疗 ☑重大疾病 □意外残疾（失能） □疾病残疾（失能） □意外身故 □疾病身故（如申请身故保险金，请填写《身故受益人身份确认表》）		
事故经过	时间：2016-06-24	地点：人民医院	原因：甲状腺肿瘤
	详细经过：2016年6月24日，李梅参加体检时，发现甲状腺肿瘤。在人民医院经主治医生确诊为甲状腺肿瘤并进行手术治疗。李梅（未在其他保险公司投保人身健康保险）现已结束治疗，医疗花费共计50 000元。本人向中国平安保险公司报案并提交理赔申请书和相关材料。		
事故者现状	□治疗中 ☑治疗结束 □残疾失能 □失踪 □身故（身故日：　）		
事故者是否在其他保险公司投保人身健康保险	☑否 □是	承包公司（　）	
申请人姓名	李梅	E-mail（如有请填写）	Limei @163.com
证件类型	☑身份证 □其他	证件号码	110108197711038814
联系地址	省/直辖市　市　区/县	邮政编码	
联系电话	固定电话（小灵通）区号：　号码：	移动电话：13866666141	
申请人身份	☑被保险人 □投保人 □指定受益人 □继承人 □受益人（继承人）的监护人		
是否委托他人办理理赔申请	□是（请填写《理赔授权委托书》） ☑否		

领款方式				
□现金				
☑转账（人民币）	开户银行	中国银行		
	户名	李梅	账号	6210128932189877788
□转账（外币）仅外币险理赔填写	开户银行		外币账户类型：□现钞 □现汇	币种：
	户名		账号	

图 1－32　填写理赔申请书

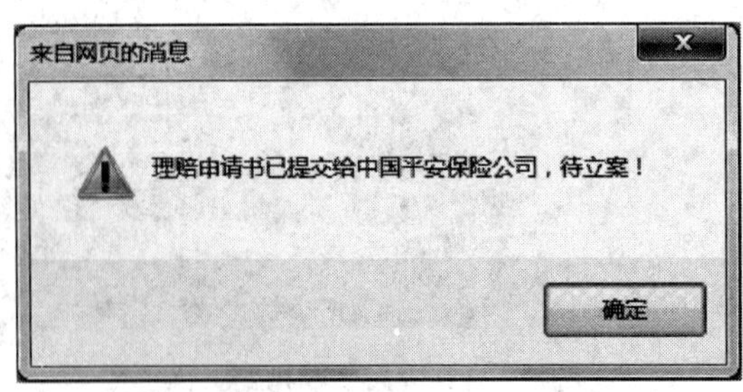

图 1－33　提交理赔申请书

四、保险公司立案

中国平安保险公司理赔中心工作人员查看了李梅的理赔申请书和相关资料，并对事故经过和相关材料进行审查核实后，决定立案，如图 1－34 和图 1－35 所示。

图 1－34　立案处理准备

图 1－35　立案

五、保险公司理算处理

保险公司理赔中心立案成功后，还需进行理算。根据保险合同和报案申请事项，计算出理赔的实际金额为 20 万元，如图 1－36 和图 1－37 所示。

图 1－36　理算准备

中国平安保险公司

FUTURE

理算

立案号：GM201611110000

被保险人：李梅

保单号：P201511112101273

费用项目	费用(元)	赔付比例(%)
重大疾病理赔	200 000	100

图 1-37 理算处理

六、保险公司核赔处理

完成理算后，中国平安保险公司理赔中心进行核赔操作。核赔通过后发放理赔决定通知书，等待客户确认，如图 1-38 和图 1-39 所示。

图 1-38 核赔准备

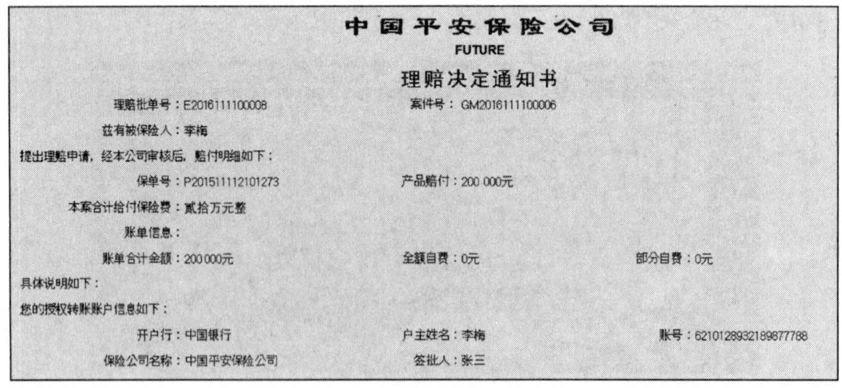

中国平安保险公司

FUTURE

理赔决定通知书

理赔批单号：E2016111100008　　案件号：GM2016111100006

兹有被保险人：李梅

提出理赔申请，经本公司审核后，赔付明细如下：

保单号：P201511112101273　　产品赔付：200 000元

本案合计给付保险费：贰拾万元整

账单信息：

账单合计金额：200 000元　　全额自费：0元　　部分自费：0元

具体说明如下：

您的授权转账账户信息如下：

开户行：中国银行　　户主姓名：李梅　　账号：6210128932189877788

保险公司名称：中国平安保险公司　　签批人：张三

图 1-39 填写理赔决定通知书

七、客户查看核赔通知书

客户李梅收到理赔决定通知书后，确认无误表示同意（不上诉）并签收，如图 1－40 和图 1－41 所示。

中国平安保险公司
FUTURE

理赔决定通知书

理赔批单号：	E2016111100008	案件号：	GM2016111100006		
兹有被保险人：	李梅				
提出理赔申请，经本公司审核后，赔付明细如下					
保单：	P201511112101273	产品赔付：	200 000元		
本案合计给付保险费：	贰拾万元整				
账单信息：					
账单合计金额：	200 000元	全额自费：	0元	部分自费：	0元
具体说明如下：					
您的授权转账账户信息如下					
开户行：	中国银行	户主姓名：	李梅	账号：	6210128932189877788
保险公司名称：	中国平安保险公司	签批人：	张三	日期：	2016-07-20

图 1－40　收到理赔决定通知书

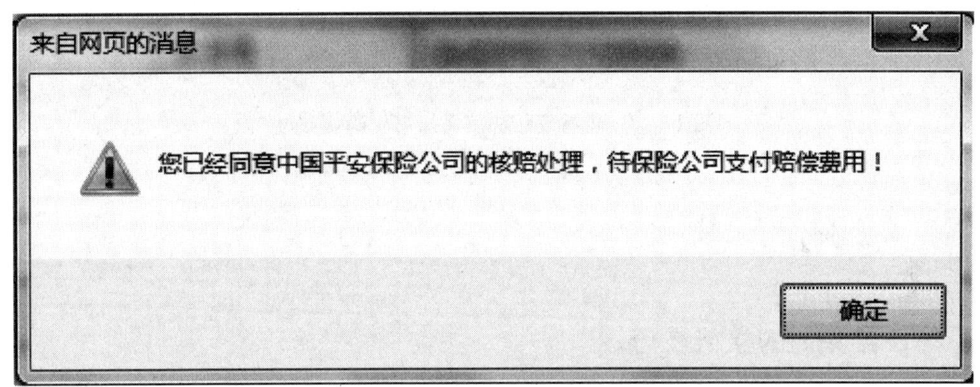

图 1－41　对核赔处理表示同意

八、保险公司支付赔偿费用

客户李梅在理赔决定通知书上签字确认后，中国平安保险公司财务部按照通知书的约定金额进行支付，如图 1－42 和图 1－43 所示。

图 1-42　理赔支付准备

中国平安保险公司

FUTURE

理赔决定通知书

来自网页的消息

保险公司已支付赔款！

确定

理赔批单号：E2016111100008　　案件号：GM2016111100006

兹有被保险人：李梅

提出理赔申请，经本公司审核后，赔付明细如下：

保单：P201511112101273　　产品赔付：200 000元

本案合计给付保险费：贰拾万元整

账单信息：

账单合计金额：200 000元　　全额自费：0元　　部分自费：0元

具体说明如下：

您的授权转账账户信息：

开户行：中国银行　　户主姓名：李梅　　账号：6210128932189877788

保险公司名称：中国平安保险公司　　签批人：张三

图 1-43　查看理赔决定通知书，确认支付

一、结束时的接待技巧

（1）结束接待时要做到以下三点：

1）感谢客户给我们工作提出的不足。

2）表示今后一定改进工作。

3）对由于我方失误造成的不便予以道歉。

（2）结束接待时要避免以下问题：

1）没有感谢客户。

2）对不满意的客户，未将情况迅速汇报。

3）对不满意的客户表现出不在乎或讨厌的态度。

二、询问技巧

（一）询问客户的技巧

（1）重复客户所说的重点，确认是否理解客户的意思和目的。

（2）了解投诉的重点所在，分析投诉事件的严重性。

（3）告诉客户我们已经了解到问题所在，并确认问题是可以解决的。

（二）询问客户时应尽量避免的情况

（1）重复次数太多。

（2）处理时间过长。

（3）犹豫，拿不定主意。

（4）产生畏难情绪，中途将问题移交给别人处理。

（5）听不懂客户的方言。

（三）控制讲话的语速、语气

控制语速的目标就是控制讲话的流程，从而让客户能够清晰地听到讲话，并且感到舒适。当语速与听众能够接受的感到舒适的语速二者不一致时，他们就会失去兴趣。急缓适中的语速能吸引听者的注意力，使人易于吸收信息。如果语速过快，听者就会无暇吸收说话者所说的内容；如果过慢，声音听起来则非常忧郁悲哀，令人生厌；如果说话吞吞吐吐，犹豫不决，听者就会不由自主地变得十分担忧、坐立不安。控制语速的常见技巧如下：

（1）保持稳定的语速。

如果调整到能够清晰地讲出每个词，那么语速就刚好合适。

（2）不时地随着需要的效果变化语速。

讲到关键处时，要有个小小的变化（有时须加速，更多的时候是减速）为讲话增加趣味性。语速略微夸张点有助于吸引听众的注意力。

（3）使用停顿。

停顿是喘息的间歇，或者讲话过程中出现的安静时刻。它在思考下一步要如何阐述观点时能够很好地发挥作用，有助于控制讲话速度而不至于讲得太快。最重要的是，停顿有助于你省去语气词，最常见的如“嗯”“你知道”“比如”等。这些词经常是由于自语或者为寻找合适的词而讲出来的。当频繁使用这些词时，会分散听众的注意力。而停顿则能够让讲话者停下来思考下一步要讲什么，这样就不会发出不必要的声音了。

项目二　人身意外保险客户服务

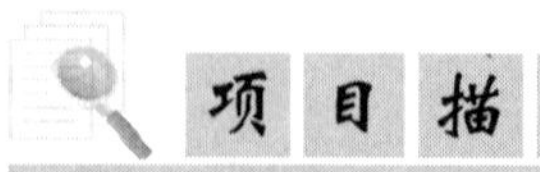

项目描述

客户基本信息如下：

- 姓名：胡力伟
- 性别：男
- 家庭住址及邮编：浙江省杭州市下城区石祥路204号，邮编310000
- 学历：本科
- 婚姻状况：已婚
- 生日：1968-10-30
- 身高：172cm
- 体重：62kg
- 身份证号码：330103196810308814
- 联系方式：手机号码13066666246，固定电话：0571-88250021
- 邮箱：huliwei@163.com
- 工作单位：杭州竞达电子有限公司
- 职务：电子工程师
- 单位电话：0571-88276503
- 开户行：中国银行6210128932189876108

请以保险客户服务部门人员的角色，完成新单服务岗、保全服务岗、理赔岗、单证管理岗、收付费岗的相应工作。

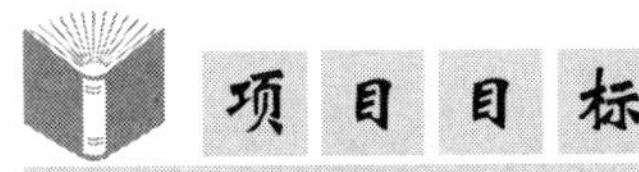

项目目标

通过本项目的学习，你应当能够：

（1）熟悉新单服务岗的工作内容和工作过程，能够为人身意外保险客户提供服务员交单，接单初审，新单受理，投保资料录入、交接、归档，核保等服务。

（2）熟悉保全服务岗的工作内容和工作过程，能够为人身意外保险客户提供客户资料变更、合同解除等服务。

（3）熟悉收付费岗的工作内容和工作过程，能够为人身意外保险客户提供收付费业务。

（4）具备良好的服务意识和认真负责的工作态度。

任务一　提供人身意外保险投保服务（直接投保）

任务描述

2015 年 11 月 10 日，客户胡力伟查看中国平安保险公司的产品后，向中国平安保险公司询问意外伤害险品种的价格。得到该公司明确的答复为：意外伤害险一份为 190 元/年，保额 10 000 元。当天，保险销售人员张立与其取得联系。之后胡力伟决定投保中国平安保险公司人身意外保险。

投保书信息如下：

- 被保险人：胡力伟
- 身故保险金受益人：王丽雅（该客户的妻子），1971－04－10 出生，100%受益，受益顺序为 1，身份证号 330103197104102235
- 主险：意外伤害险 2 份，基本保险金额 10 000 元/份，保费 190 元/份，交费频次为年交
- 附加险：意外伤害医疗保险 2 份，基本保险金额 10 000 元/份，保费 100 元/份，交费频次为年交
- 自动申请续保
- 首期/续期/续保交费方式：转账

- 续期保险费超过宽限期仍未交付时：保险费不自动垫交
- 其他：目前被保险人享有社会医疗保险，身体健康，年薪 8 万元，无驾照

请按照新单服务岗和收付费岗的工作内容和工作过程，为其办理投保书审核、录单和缴费等手续。

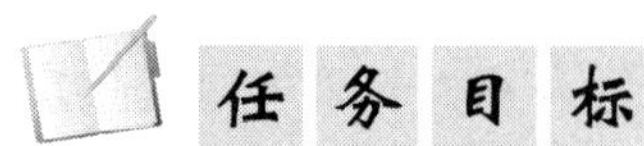

任务目标

（1）熟悉新单服务岗的工作内容和工作过程，能够为人身意外保险个人客户提供业务员交单，接单初审，新单受理，投保资料录入、交接、归档，核保等服务。

（2）熟悉收付费岗的工作内容和工作过程，能够为人身意外保险个人客户提供保险费和保险金等的收付服务。

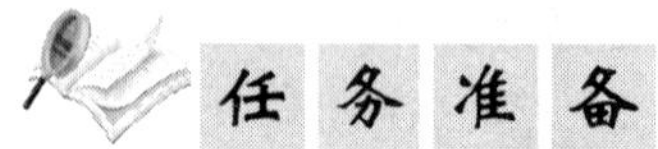

任务准备

人身意外保险直接投保流程如图 2－1 所示。

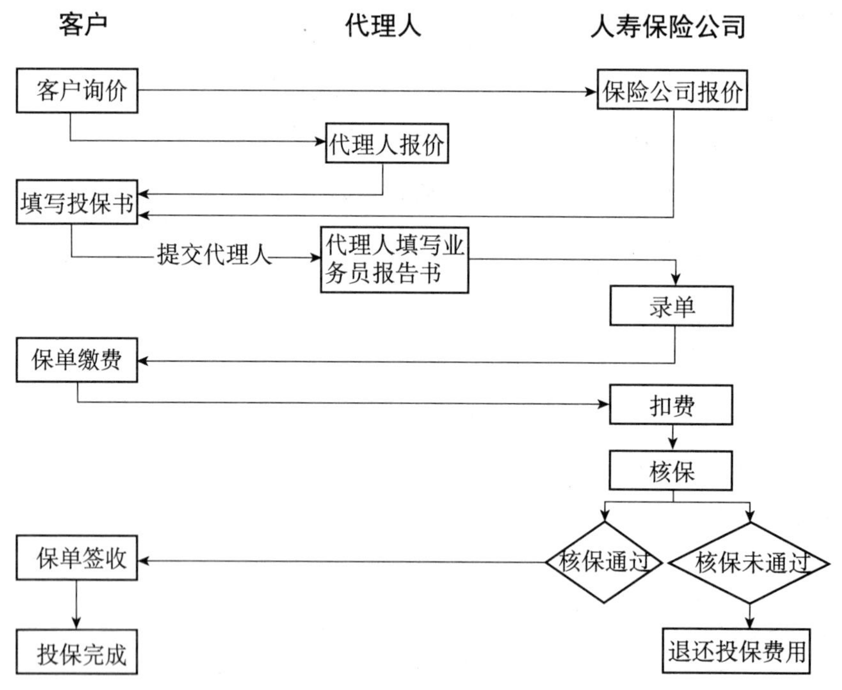

图 2－1　人身意外保险直接投保流程图

注：若此过程有销售人员参与，则由销售人员替保险公司报价，然后由销售人员填写业务员报告书提交给人寿保险公司录单，其他步骤相同。

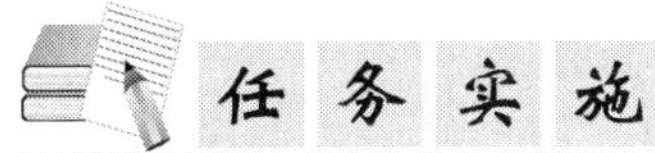

任务实施

一、客户询价

客户胡力伟点击进入保险公司网站，查看意外保险产品信息，咨询产品价格，如图 2 - 2～图 2 - 4 所示。

图 2 - 2　进入保险公司营销部业务

当前位置：产品查看

产品名称：	意外伤害险		
产品代码：	19501	标准缩写：	意外险
保险类型：	人身意外伤害保险	是否红利：	是
是否少儿险：	否	投保类型：	个人险
产品类型：	主险	核保方法：	人工
产品启用时间：	2012-07-24	产品停用时间：	2015-11-01
保险期限类别：	至几周岁	最大投保年龄：	64 周岁
保险期限起：	3 周岁	保险期限止：	64 周岁
保费期限类别：	趸交	冷静期：	10天
保费期限起：	3 周岁	保费期限止：	64 周岁
复效宽限期：	60 天	缴费宽限期：	60 天
投保是否取消观察期：	否	是否按份数：	是
续保类型：	自动	最大份数：	80 份
费率浮动上限：	10 每千元	每份保额：	10 000 元
费率浮动下限：	10 每千元	固定费率：	19 每千元
固定保额：	10 000元	固定保费：	190 元
体检设定：	免体检	代理费用：	30%
条款：			

图 2 - 3　查看产品信息

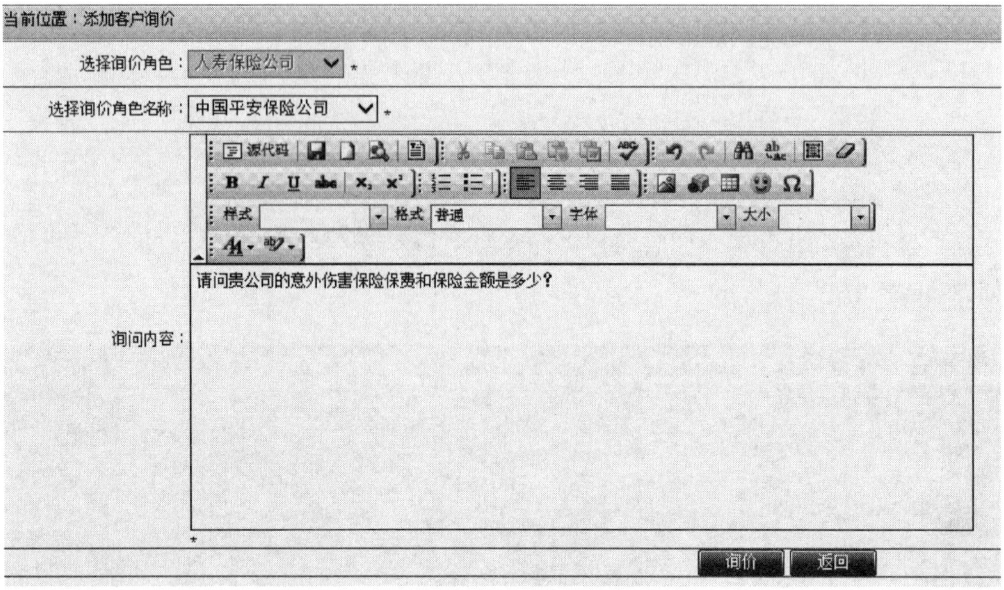

当前位置：添加客户询价

选择询价角色：人寿保险公司 *

选择询价角色名称：中国平安保险公司 *

询问内容：请问贵公司的意外伤害保险保费和保险金额是多少？

询价　返回

图 2－4　询价

二、保险公司报价

中国平安保险公司客服人员看到客户的询价信息后，进入报价管理，对客户询价进行回复，如图 2－5、图 2－6 和图 2－7 所示。

图 2－5　保险公司客服工作人员准备

图 2-6　进入报价管理页面

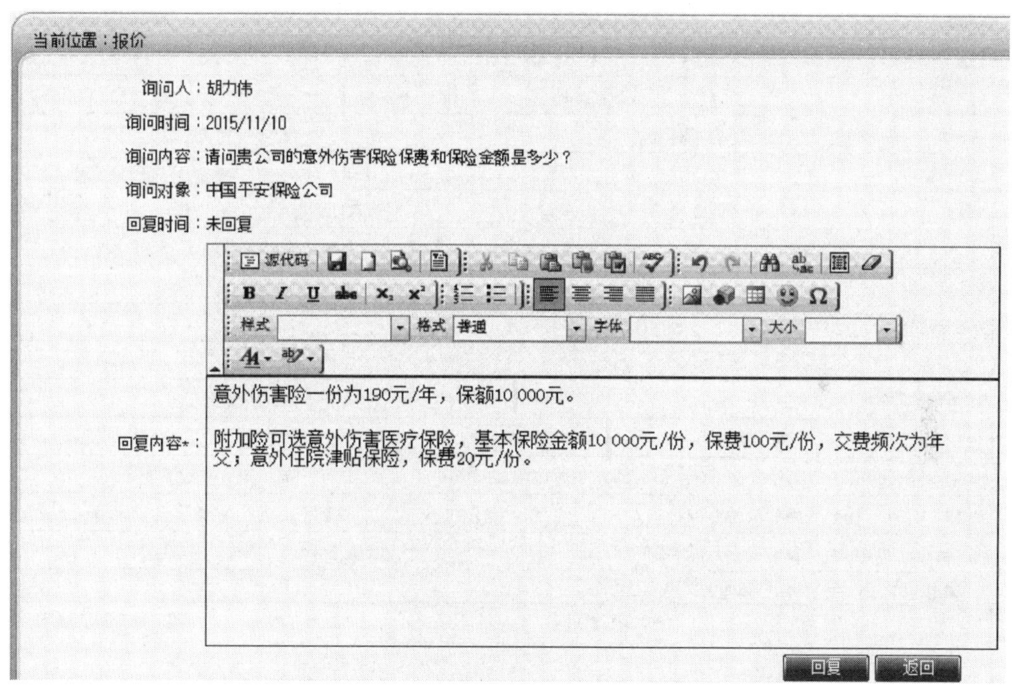

图 2-7　询价回复

三、客户投保

客户胡力伟看到报价后，觉得比较合适，决定投保。中国平安保险公司销售人员张立与胡力伟取得联系后，帮助他了解投保流程，填写人身保险投保书（见图 2-8），并提交相关资料。

中国平安保险公司

人身保险投保书

销售渠道	1
业务员姓名	张立
业务员代码	1800220017
业务员部组	营业销售部
暂收收据号	
保险合同号	

本次同时投保共 1 单，第 1 单（请用黑色墨水笔填写投保书）

投保人

姓名：胡力伟　性别：◉男 ◯女　国籍：中国　户籍所在地：浙江　学历：本科　婚姻状况：已婚

出生日期：1968-10-30　年龄：47 周岁　身高：172 厘米　体重：62 千克

证件类型：◉身份证 ◯其他　证件号码：330103196810308814

工作单位：杭州竞达电子有限公司　职务：电子工程师　职业：工程技术人员　职业代码：2020000　代码查询

手机：13066666246　小灵通/市话通：区号　号码：　家庭电话：区号 0571　号码：88250021

办公电话：区号　号码：　分机：　联系首选方式◉手机 ◯小灵通/市话通 ◯家庭电话 ◯办公电话

联系地址：浙江省 省/直辖市 杭州市 市 下城 区/县 石祥路204号　邮政编码：310000

家庭地址：浙江省 省/直辖市 杭州市 市 下城 区/县 石祥路204号　邮政编码：310000

E-mail：huliwei@163.com　投保人是被保险人的：◉本人 ◯配偶 ◯父母 ◯子女 ◯其他

被保险人（投保人与被保险人为同一人时可不填写被保险人资料）

姓名：　性别：◉男 ◯女　国籍：　户籍所在地：　学历：本科　婚姻状况：已婚

出生日期：　年龄：　周岁　身高：　厘米　体重：　千克

证件类型：◉身份证 ◯其他　证件号码：

工作单位：　职务：　职业：　职业代码：　代码查询

手机：　小灵通/市话通：区号　号码：　家庭电话：区号　号码：

办公电话：区号　号码　分机　联系首选方式：◯手机 ◯小灵通/市话通 ◯家庭电话 ◯办公电话

联系地址：　省/直辖市　市　区/县　邮政编码：

家庭地址：　省/直辖市　市　区/县　邮政编码：

E-mail：

身故保险金受益人

姓名：王丽雅　性别：◯男 ◉女　出生日期：1971-04-10　是被保险人的：妻子，是否为投保人：◯是 ◉否

证件类别：◉身份证 ◯其他　证件号码：330103197104102235　受益比例：100 %　受益顺序：1

姓名：　性别 ◉男 ◯女　出生日期：　是被保险人的：　，是否为投保人：◉是 ◯否

证件类别：◉身份证 ◯其他　证件号码：　受益比例：　%　受益顺序：

投保事项（以下项目若未填选则视为未申请）修改主险

	投保险种简称	基本保险金额(元)	保险期间	交费年限	期交/趸交保险费(元)
主险	意外险	20 000	至64	趸交	380
	被保险人配偶投保险种	基本保险金额	期交保险费(元)	被保人子女投保险种	基本保险金额期交保险费

图 2-8　人身保险投保书

附加险	一年期意外险保险计划		被保险人				被保险人配偶	被保险人子女	说明：若被保险人配偶及子女身故，则受益人为其法定继承人。
			计划A	计划B	计划C	自选计划			
	基本保险金额	附加意外08	3万元	5万元	10万元				
		意外医疗08	1万元	1.5万元	2万元				
		意外住院08	3份	3份	3份				

被保险人投保产品简称	基本保险金额	保险期间	交费年期	期交保险费	取消
意外伤害医疗	20 000	至65	年交	200	取消

添加附加险

期交/趸交保险费合计：(大写) 伍佰捌拾元整　　(小写) 580 元

追加保险费：(大写) 零元整　　(小写) 0 元

交费频次：◉年交 ○趸交 ○其他 ______　一年期主险/一年期附加险自动申请续保：◉是 ○否

首期交费方式：◉银行转账 ○自交　续期/续保交费方式：◉银行转账 ○自交

续期保险费超过宽限期仍未交付时，选择保险费自动垫交：○是 ◉否(仅当保险合同有现金价值且允许自动垫交时适用)

养老金领取年龄：　　养老金领取方式：◉年领 ○月领

目前被保险人是否享有社会医疗保险或公费医疗保障 ◉是 ○否
(此处所称的社会医疗保险指目前国内城镇居民按照国家有关规定参加的社会医疗保险，不包括农村合作医疗)

分红保险填写

红利选择方式：

○累积生息　○抵交保险费　○购买交清增额保险

注：如选择抵交保险费方式，而抵交时的红利不足以抵交合同主险、附加险当时应交保险费合计时，投保人应补足差额，以保证合同有效。

转账授权

账户所有人姓名：胡力伟　　开户银行：中国银行

账号 6210128932189876108　　账户为：◉投保人结算账户 ○被保险人结算账户 ○投保人信用卡

1.账户所有人须以本人真实姓名开立结算账户，并授权中国平安保险公司(以下简称"本公司")和开户银行从该结算账户中划扣投保人的保单所需交付的各期保险费。账户所有人同意该结算账户中所扣交保险费优先于其他任何用途的支付。

2.在首期保险费采用转账支付的方式下，因账户内余额不足或其他非本公司原因导致转账不成功，投保人应重新办理转账或现金支付手续，未及时支付保险费将导致当次投保申请失败。当撤消/拒绝/延期投保并需退还预收保险费时，所有预收保险费无息退还账户所有人。

3.在续期保险费采用转账支付的方式下，账户所有人应在保险费应交日前将足额保险费存至该结算账户中，如在应交日前未将保险费存入账户，投保人应在保单宽限期内通过其他方式交纳续期保险费。因账户内余额不足或其他非本公司原因导致转账不成功而引起的责任，概由投保人承担。采用转账支付后，若保单连续四次未通过该结算账户转账交纳续期保险费，我公司将停止对此账号扣款。

4.如果使用信用卡转账，投保人与信用卡持卡人须为同一人，并须符合银行关于信用卡的使用规定，本公司不承担非本公司原因导致的信用卡方面任何费用，如为信用卡转账而产生的退费需按银行规定退回原信用卡账户。

5.本授权书为账户所有人对本公司从其所提供的账号中扣款的授权证明，不作为收取现金的凭据。

健康告知(如保险条款中涉及对投保人承担保险责任事项，投保人栏必须填写)

询问事项	投保人 是 否	被保险人 是 否
01 您是否目前吸烟或曾经吸烟？若"是"，请告知每日吸烟量和吸烟年限。 您是否已戒烟？若"是"，请在说明栏中告知戒烟时间及戒烟原因。	□ ☑ __支/天__年 □ □	□ ☑ __支/天__年 □ □

图 2-8（续图）

02 您是否目前饮酒或曾经饮酒?若"是",请告知每周饮酒量和饮酒年限。 酒的种类有①啤酒③葡萄酒③黄酒④白酒或洋酒等。 您是否现已停止饮酒?若"是",请在说明栏中告知时间及原因。	□ ☑ 种类 ____ 两/周 __ 年 □ □	□ ☑ 种类 ____ 两/周 __ 年 □ □
03 您目前或过去一年内是否去医院进行过门诊的检查、服药、手术或其他治疗?	□ ☑	□ ☑
04 您过去三年内是否曾有医学检查(包括健康体检)结果异常?	□ ☑	□ ☑
05 您过去五年内是否曾住院检查或治疗(包括入住疗养院、康复医院等医疗机构)?	□ ☑	□ ☑
06 您是否目前或过去一年内曾有过下列症状? 反复头痛或眩晕、晕厥、咯血、胸痛、呼吸困难、呕血,黄疸、便血、听力下降、耳鸣、复视、视力明显下降、原因不明皮肤和黏膜及齿龈出血、原因不明的发热、体重下降超过5千克、原因不明的肌内萎缩,原因不明的包块或肿物,身体的其他感觉异常或活动障碍?	□ ☑	□ ☑
07 您是否目前患有或过去曾经患过下列症候、疾病或手术史?若"是",请在说明栏告知。 A.脑、神经系统及精神方面疾病,例如:癫痫、脑中风,脑炎、脑膜炎、脑血管瘤,运动神经元病、阿尔茨海默氏症、帕金森氏综合征、脊髓疾病、重症肌无力、多发性硬化、抑郁症、精神病、脑部手术史。 B.心血管的疾病,例如:高血压、冠心病、心绞痛、心律失常、心肌梗塞、先天性心脏病、风湿性心脏病、心肌病、室壁瘤、动脉瘤、心脏瓣膜病、主动脉疾病、下肢静脉曲张。 C.呼吸系统疾病,例如:慢性支气管炎、肺气肿、肺心病、哮喘、肺结核、肺栓塞、支气管扩张、尘肺、间质性肺病、肺纤维化。 D.消化系统疾病,例如:胃和/或十二指肠溃疡、胰腺炎、肝炎(请注明类型)、乙肝或丙肝病毒携带、多囊肝、肝内胆管炎、肝硬化、胆结石、慢性或溃疡性结肠炎、克隆病、腹部手术史。 E.泌尿系统疾病,例如:血尿、蛋白尿、尿路畸形、肾炎、肾病、肾脏功能不全、尿毒症、肾移植、肾积水、肾囊肿、泌尿系统结石、泌尿系统手术史。 F.骨骼、肌肉、结缔组织的疾病,例如:类风湿关节炎、强直性脊柱炎、椎管狭窄、脊柱裂、股骨头坏死、骨性关节炎、骨髓炎、皮肌炎、肌营养不良症、干燥综合征、系统性红斑狼疮。 G.内分泌、血液系统疾病,例如:糖尿病、痛风、甲状腺或甲状旁腺疾病、白血病、血友病、再生障碍性贫血、地中海贫血。 H.五官科疾病,例如:视网膜出血或剥离、青光眼、白内障、高度近视(800度以上)、美尼尔病、五官手术史。 I.以上未提及的肿瘤:包括肉瘤、癌、良性肿瘤、息肉、囊肿。	□ ☑	□ ☑
08 您是否曾滥用药物或服用毒?若"是",请在说明栏告知。	□ ☑	□ ☑
09 您是否有智能障碍?是否有失明、聋哑及言语、咀嚼或身体其他部位缺损,残疾或功能障碍? 若"是"请在说明栏说明智能障碍等级、残疾部位(哪侧)、原因、有无功能障碍、是否使用辅助器械。	□ ☑	□ ☑
10 女性补充告知: A.您目前是否怀孕?若"是",怀孕 __ 周。 B.您怀孕及生产期间是否有合并症?例如:蛋白尿、高血压、糖尿病、宫外孕等。 C.您是否曾有阴道异常流血、畸胎瘤、葡萄胎、盆腔炎或其他任何乳房、子宫、卵巢的疾病?	□ ☑ □ ☑ □ ☑	□ ☑ □ ☑ □ ☑

图2-8(续图)

11 被保险人的父母、子女、兄弟姐妹是否曾患有癌症、心脑血管疾病、白血病、血友病、糖尿病、多囊肝、多囊肾、肠息肉或其他遗传性疾病?(若"是"，请在下表告知)						☐ ☑
患病对象	所患疾病名称	患病时年龄	生存情况	身故时年龄		
____	____	____周岁	☐健在 ☐身故	____周岁		
____	____	____周岁	☐健在 ☐身故	____周岁		
12 两周岁以下(含两周岁)儿童补充告知 A. 请告知出生时体重。 B. 是否为早产、难产?出生时是否曾有产伤、窒息等异常情况? C. 是否有畸形、发育迟缓、惊厥、抽搐、脑瘫、先天性和遗传性疾病?						____千克 ☐ ☐ ☐ ☐
13 您是否有参加赛车、赛马、搏击类运动、攀岩、潜水、滑雪、蹦极、飞行、探险或特技活动及其他高风险活动的爱好?若"是"，请在说明栏中告知参加的项目以及每年大约参加的次数。					☐ ☑	☐ ☑
14 家属栏(附加家庭保险时告知)：被保险人的配偶及子女是否有以上第1～第13项情况发生?					☐ ☑	☐ ☑

财务及其他告知

15 您固定的年收入为多少万元?	8 万元	8 万元
16 A.您是否有机动车驾驶执照?若"有"，请告知驾照类型。 B.您是否曾违章驾车并发生交通事故? 若"是"，请在说明栏中告知次数、时间、违章类型。	☐ ☑ 类型____ ☐ ☑	☐ ☑ 类型____ ☐ ☑
17 A.在过去的两年中，您是否在本地以外的国家或地区(包括外地或境外)连续居住超过三个月? 若"是"，居住的国家或地区________，居住时间________个月。	☐ ☑	☐ ☑
B.近一年内，您是否计划出国? 若"是"，计划去的国家或地区________ 目的________ 居住时间________个月。	☐ ☑	☐ ☑
18 您目前是否已有或正在申请除本公司以外的人身保险? 若"是"，请在下面说明栏中详述投保产品、保险金额、承保公司和日期。	☐ ☑	☐ ☑
19 您是否投保其他保险公司的下列产品时，被非标准承保或申请过理赔? 产品：①人寿保险 ②重大疾病险 ③住院医疗险 ④意外险 ⑤其他保险 其结果为：①拒保 ②延期 ③附加条件或加费承保 ④提出或已经得到理赔	☐ ☑ 序号____ 序号____	☐ ☑ 序号____ 序号____

说明栏

若上述健康告知为"是"时，请注明对象(投保人、被保险人)，在本栏中详细说明。		
序号 说明对象 疾病名称 发病时间 是否住院 接受的检查和治疗 诊疗医院 最近一次治疗时间 目前状况		
若上述财务及其他告知为"是"时，请注明对象(投保人、被保险人)，并详细说明。		
序号	说明对象	说明内容
1	____	
2	____	
3	____	

备注：

图 2-8（续图）

投保人、被保险人声明和授权(请您确认各项内容填写完整后亲笔签名)

1. 本人已认真阅读并理解**产品说明书**，对所投保险种条款尤其是保险人**责任免除条款、合同解除条款**均已了解并同意遵守。其他任何与本投保书各事项及保险条款不相符的解释、说明或书面承诺均无效。
2. 本人在投保书中的健康、财务及其他告知内容均属真实，与本投保书有关的问卷、体检报告书及对体检医生的各项陈述均确实无误，如有不实告知，中国平安保险公司(以下简称"贵公司")有权依法解除保险合同，并对合同解除前发生的保险事故不承担保险责任。所有告知事项以书面告知为准，口头告知无效。
3. 本人已知晓一年期主险/一年期附加险的保险期间为一年，选择自动申请续保方式下，如贵公司审核后同意续保，收取保险费后保险合同/附加保险合同继续有效，如贵公司审核后不同意续保，不再收取保险费，保险合同/附加保险合同满期终止。如本人决定终止续保，应于一年期主险/一年期附加险满期日前亲自办理或委托贵公司服务人员办理终止续保手续。
4. 本投保书中转账账户所有人、开户银行和账号均真实可靠，特授权贵公司从该账户中划扣本保险合同所需交纳的各期保险费。
5. 本人已知晓：自贵公司收到首期暂收保险费或转账授权、确认投保人/被保险人已完成贵公司规定的投保手续起，至贵公司同意承保并签发保险单或不同意承保、签发不接受投保通知书之日止，以不超过10天为限，贵公司仅承担投保人申请险种的意外身故保险责任(免责条款约定的免责情形除外)，累计给付意外身故保险金最高限额不超过人民币二十万元，投保外汇保险时累计给付意外身故保险金最高限额不超过二十万元人民币的等值外币(参照事故发生当日中国人民银行授权中国外汇交易中心公布的银行间外汇市场交易货币对人民币的中间价)。如授权账户错误、账户金额不足或账户挂失、冻结、销户，则以上临时保障自始不成立。
6. 本人已知晓：本保险合同自贵公司审核投保申请后同意承保、收取首期保险费并签发保险单开始生效，具体生效日以保险单所载日期为准。
7. 本人已知晓：购买投资型、分红型产品时，投资有风险、分红不确定。
8. 本人授权贵公司可以从任何单位、组织和个人就有关保险事宜查询、索取与本人有关的资料和证明，贵公司对个人资料承担保密义务。
9. 本人所提供的全部个人资料，仅限于中国平安保险公司及其认为业务必要而委托的第三方为本人提供高质量的客户服务及推荐产品之用。中国平安保险公司及必要第三方对本人的个人信息负有保密义务。
10. 本人已知晓：生存保险金可留存于贵公司进行累积生息，保险合同效力中止期间或合同效力终止后，生存金将停止计息。
11. 本人已知晓本投保书不得作为收取现金的凭证。

投保人签名：胡力伟

投保申请日期：2015/11/10　　　　日期：2015/11/10

图 2-8（续图）

四、销售人员填写业务员报告书

为了更好地服务客户，保险销售人员张立指导客户填写完投保书后，还需填写业务员报告书，将其代理胡力伟投保的事宜向公司营销部进行汇报，如图 2-9 所示。

中国平安保险公司

业务员报告书

业务员姓名：张立　　　　业务员部组：营业销售部

业务员代码：1800220017　　　　投保书条形码：

A.被保险人有关资料(所有申请，必须填写此部分):

1.姓名：**胡力伟**　性别：**男**　年龄：**47**

2.你认识被保险人多久？**1个月**

3.投保经过：**客户自己提出**

4.投保目的：**保障家庭收入**

5.目前从事何种职业？**工程技术人员**　从事本职业年限：**25** 年

6.估计全年收入(包括基本工资和红利)：去年 **8** 万元 前年 **8** 万元

7.从外观看，被保险人是否成病态或有生理缺陷？否

8.你是否曾听闻被保险人有疾病或接受医生治疗？否

图 2-9　业务员报告书

B.投保人有关资料(如投保人非被保险人本人，必须填写此部分;若投保人与被保险人为同一人，则仅填写成4~7项)：

1.姓名：＿＿＿＿＿＿ 与被保险人关系：＿＿＿＿＿＿

2.目前从事何种职业?＿＿＿＿＿＿ 从事本职业年限：＿＿＿＿ 年

3.估计全年收入(包括基本工资和红利)：去年 ＿＿＿＿ 万元 前年 ＿＿＿＿ 万元

4.家庭住宅所有权状况：自置

5.出行交通工具：公共交通

6.投保人兴趣爱好：体育

7.投保人拥有本公司以外的产品：无

C.高额保件(本次投保人身险保额50元万以上)招揽过程说明：(请说明与投保人的认识途径，招揽的时间、地点、方式)

业务员声明：
以上所报告的情况均属实，如有不实见证或报告，本人知道须承担相关法律责任。
业务员签字：张立　　业务员联系电话：13012127878　2015年11月10日

图 2-9（续图）

五、录单

中国平安保险公司新单服务岗录单员查看保险销售人员张立递交的投保单和业务员报告书后录入单据，然后录入投保单，如图 2-10 和图 2-11 所示。

图 2-10　进入录单管理页面

序号	投保单编号	投保人	代理人	业务员报告书	主险名称	投保日期	处理
1	12000201500037	胡力伟	张立	查看	意外险（19501）	2015/11/10 14：50：17	已录单

图 2-11　查看业务员报告书并录单

六、保单缴费

中国平安保险公司录单后，销售人员张立通知客户胡力伟缴纳保险费 580 元，如图2－12所示。

序号	投保单编号	保险公司	业务员报告书	主险名称	投保日期	处理
1	12000201500037	中国平安保险公司	查看	意外险（19501）	2015/11/10 14：50：17	缴费

图 2－12　保单缴费

七、扣费

中国平安保险公司财务部收付费岗人员对缴费保单进行扣费处理，如图 2－13 和图 2－14 所示。

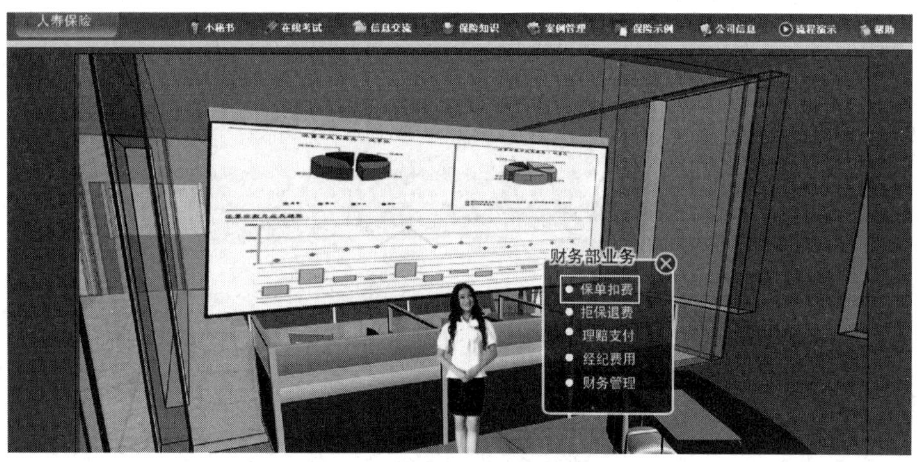

图 2－13　进入保单扣费页面

序号	投保单编号	投保人	代理人	业务员报告书	主险名称	投保日期	处理
1	12000201500037	胡力伟	张立	查看	意外险（19501）	2015/11/10 14：50：17	扣费

图 2－14　个单扣费

八、核保

中国平安保险公司核保部人员审核投保单、投保事项、健康告知、财务及其他告知，填写核保说明以及是否给予通过，核保后保单正式生效，如图 2－15～图 2－17 所示。

图 2－15　进行核保

给予通过

核保说明：

图 2－16　填写核保说明

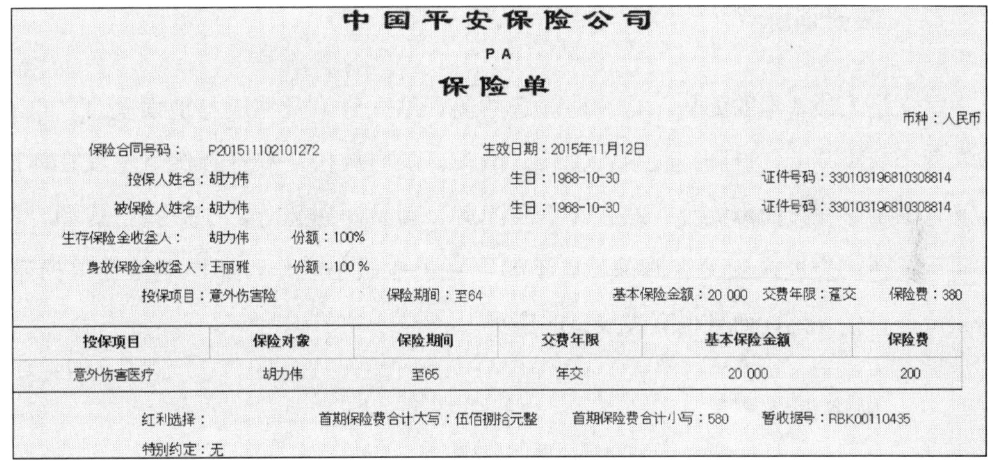

中国平安保险公司

PA

保险单

币种：人民币

保险合同号码：P201511102101272　　生效日期：2015年11月12日

投保人姓名：胡力伟　　生日：1968-10-30　　证件号码：330103196810308814

被保险人姓名：胡力伟　　生日：1968-10-30　　证件号码：330103196810308814

生存保险金收益人：胡力伟　　份额：100%

身故保险金收益人：王丽雅　　份额：100 %

投保项目：意外伤害险　　保险期间：至64　　基本保险金额：20 000　交费年限：趸交　　保险费：380

投保项目	保险对象	保险期间	交费年限	基本保险金额	保险费
意外伤害医疗	胡力伟	至65	年交	20 000	200

红利选择：　　首期保险费合计大写：伍佰捌拾元整　　首期保险费合计小写：580　　暂收据号：RBK00110435

特别约定：无

图 2－17　生成正式保险单

九、保单签收

保险公司扣费后，保险销售人员张立将正式投保单转交给客户胡力伟。胡力伟签收，如图 2-18 所示。

图 2-18　签收保单

一、谈话姿势训练

谈话姿势往往反映出一个人的性格、修养和文明素质。所以，交谈时，首先双方要互相正视、互相倾听，不能东张西望、看书看报、面带倦容、哈欠连天。否则，会给人心不在焉、傲慢无礼等不礼貌的印象。

二、站姿训练

站立是人最基本的姿势，是一种静态的美。站立时，身体应与地面垂直，重心放在两个前脚掌上，挺胸、收腹、收颌、抬头、双肩放松。双臂自然下垂或在体前交叉，眼睛平视，面带笑容。站立时不要歪脖、斜腰、屈腿等，在一些正式场合不宜将手插在裤袋里或交叉在胸前，更不要下意识地做小动作，那样不但显得拘谨，给人缺乏自信之感，而且也有失仪态的庄重。

三、坐姿训练

坐也是一种静态造型。端庄优美的坐姿会给人以文雅、稳重、自然大方的美感。正确的坐姿是：腰背挺直，双肩放松；女性应两膝并拢，男性膝部可分开一些，但不要过大，一般不超过肩宽；双手自然放在膝盖上或椅子扶手上。在正式场合，入座时要轻柔和缓，起身要端庄稳重，不可猛起猛坐，弄得桌椅乱响，造成尴尬气氛。不论何种坐姿，上身都要保持端正，如古人所言的“坐如钟”。若坚持这一点，那么不管怎样变换身体的姿态，都会优美、自然。

四、走姿训练

行走是人生活中的主要动作，走姿是一种动态的美。“行如风”就是用风行水上来形容轻快、自然的步态。正确的走姿是：轻而稳，胸要挺，头要抬，肩放松，两眼平视，面带微笑，自然摆臂。

任务二　提供人身意外保险保单变更服务（非补退费类变更）

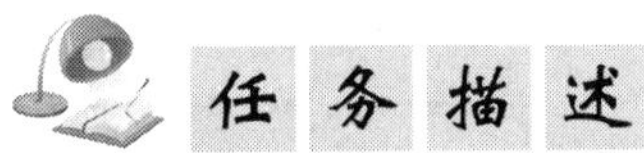

任务描述

2015 年 11 月 21 日，客户胡力伟的手机号变更（变更后为 13910123123），要求变更在保单中留存的电话号码。

任务目标

（1）熟悉保全服务岗的工作内容和工作过程，能够为人身意外保险客户提供客户资料变更等服务。

（2）熟悉客户接待礼仪，能够按礼仪标准为客户提供规范的服务。

（3）掌握有效的电话沟通技巧及注意事项，能对客户投诉和咨询事项进行登记并提供简单的处理意见。

（4）具备良好的服务意识和认真负责的工作态度。

任务准备

（1）非补退费类变更项目明细：地址电话变更、保单迁出、续期交费方式变更、转账领取、自动抵交保费、累积生息、客户资料变更、受益人变更、受益人资料变更、转领婚嫁金、签名变更、自垫选择权变更。

（2）保单变更流程。保单变更流程如图 2－19 所示。

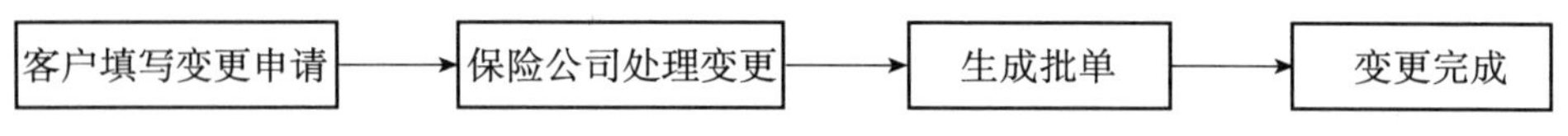

图 2-19　保单变更流程图

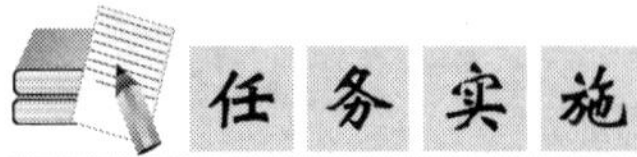

一、客户提出变更申请

客户胡力伟要求销售人员张立为其办理手机号码变更事宜。张立指导其填写保险合同变更申请书，并将申请书和相关材料递交给中国平安保险公司保全业务部，如图 2-20 和图 2-21 所示。

序号	保险单号	投保时间	保险公司	处理状态
1	P201511102101272	2015/11/10	中国平安保险公司	已签收

图 2-20　查看保单

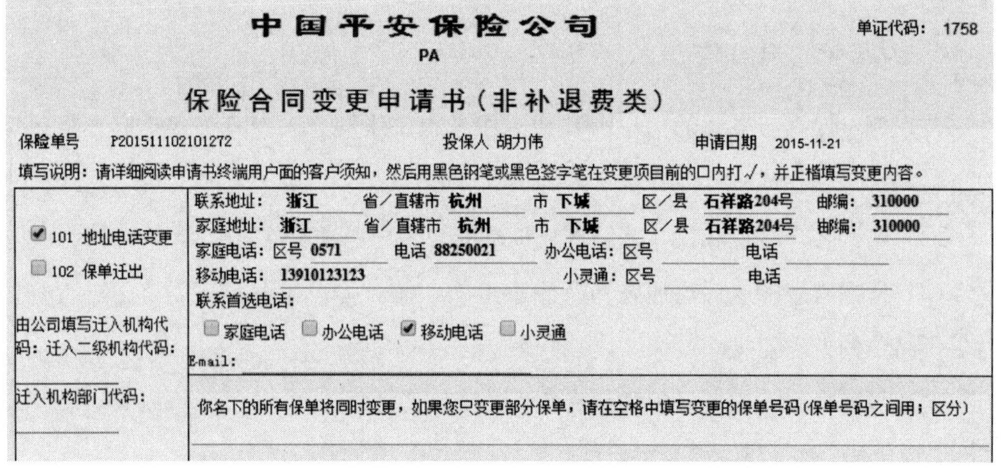

中国平安保险公司　单证代码：1758

PA

保险合同变更申请书（非补退费类）

保险单号　P201511102101272　投保人 胡力伟　申请日期　2015-11-21

填写说明：请详细阅读申请书终端用户面的客户须知，然后用黑色钢笔或黑色签字笔在变更项目前的口内打√，并正楷填写变更内容。

☑ 101 地址电话变更

☐ 102 保单迁出

由公司填写迁入机构代码：迁入二级机构代码：

迁入机构部门代码：

联系地址：浙江 省／直辖市 杭州 市 下城 区／县 石祥路204号 邮编：310000

家庭地址：浙江 省／直辖市 杭州 市 下城 区／县 石祥路204号 邮编：310000

家庭电话：区号 0571 电话 88250021 办公电话：区号 电话

移动电话：13910123123 小灵通：区号 电话

联系首选电话：

☐ 家庭电话 ☐ 办公电话 ☑ 移动电话 ☐ 小灵通

E-mail:

你名下的所有保单将同时变更，如果您只变更部分保单，请在空格中填写变更的保单号码（保单号码之间用；区分）

图 2-21　填写保险合同变更申请书

二、保险公司审核变更申请

中国平保险公司保全服务部人员查看胡力伟的变更申请，对申请事项进行审核，并在变更申请表上填写“同意变更”字样，生成变更批单后保单正式生效，如图 2-22～图 2-25 所示。

序号	保险单号	投保单编号	投保人	主险名称	投保日期
1	P201511102101272	12000201500037	胡力伟	意外伤害险	2015/11/10

图 2-22　查看变更申请

序号	变更类别	添加日期	处理状态	操作
1	变更非补退费类	2015/11/21	提交	查看

图 2-23　变更管理

处理说明：通过

图 2-24　审核保险合同变更申请书

批单

保险单号：P201511102101272　　批单号：P2015111021012721

申请人：胡力伟　　申请日期：2015-11-21

批改项目：手机号码变更 *

批改前：手机号码13066666246 *

批改后：手机号码13910123123 *

图 2-25　生成批单

一、保全

（一）保全释义

保全是指保险公司为了维持人身保险合同的持续有效，根据合同条款约定及客户要求而提供的一系列服务。

（二）保全项目

保全项目包括保险合同内容变更、保险费续收、增加附加险及续保、保险合同效力中止、保险合同效力恢复、解除合同、保单借款、可转换权益、保额增加权益、保险合同补发（换发）、保险关系转移、保险合同代服务、生存给付、红利（利差）的给付等。

（三）保全服务宗旨

以客户为中心，在合法、合情、合理的前提下，依照公正、公平、公开的原则，以准确、迅捷的方式向客户提供各类保全服务，实现操作与管理的统一性、规范性、科学性、严谨性、前瞻性。

（四）保全服务申请途径

合同保全的申请可通过如下三种途径：

（1）客户直接到保险公司服务网点申请办理。

（2）客户委托他人如业务员等，到保险公司服务网点申请办理。

（3）客户通过信函提出申请。此类申请目前限于通信地址/住所变更、解除合同等公司认可的保全项目。

二、判定变更事项

保险合同的变更包括：主体的变更、客体的变更和内容的变更。

（一）主体的变更

主体的变更指保险合同当事人或关系人的变更。

1. 财产保险合同主体变更

财产保险合同主体变更包括投保人或被保险人变更。变更原因一般包括：保险标的所有权、经营权发生转移，保险标的用益权的变动，债务关系发生变化等。

2. 人身保险合同主体变更

人身保险合同主体变更不涉及保险标的的转移问题，主要包括以下两项：

（1）投保人的变更：需经被保险人同意，报保险人核准。

（2）受益人的变更：需经被保险人同意，通知保险人。

（二）客体的变更

客体的变更指保险标的的变化。原因是保险标的的价值增减变化，引起可保利益发生变化。

（三）内容的变更

内容的变更指合同双方之间权利义务的变更。具体表现为以下两方面：

（1）财产保险在主体不变的情况下，保险合同中保险标的种类的变化，数量的增减，存放地点、保险险别、风险程度、保险责任、保险期限、保险费、保险金额等内容的变更。

（2）人身保险合同中被保险人职业、保险金额发生变化等。

保险合同内容的变更与保险人承担的风险密切相连。合同任何一方都有变更合同内容的权利，同时也负有与对方共同协商的义务。

任务三　提供人身意外保险退保服务（犹豫期退保）

任务描述

客户胡力伟在 2015 年 12 月 3 日（犹豫期内）向保险公司提出退保，请为其提供合同解除服务。退款通过转账方式直接转入胡力伟的保费扣款账号，批单自领。

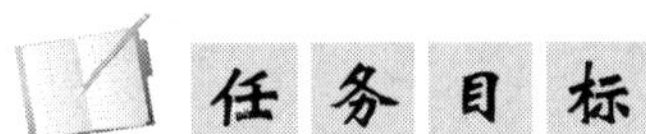

任务目标

（1）熟悉保全服务岗的工作内容和工作过程，能够为人身保险客户提供合同解除服务。

（2）熟悉客户接待礼仪，能够按礼仪标准为客户提供规范的服务。

（3）掌握有效的电话沟通技巧及注意事项，能对客户投诉和咨询事项进行登记并提供简单的处理意见。

（4）具备良好的服务意识和认真负责的工作态度。

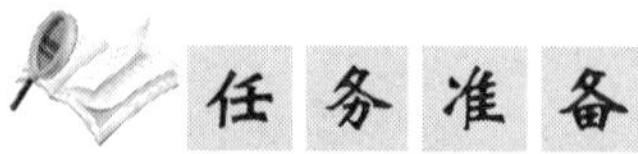

任务准备

（1）签订合同后，客户可向保险公司申请退保，保险公司依规可解除合同。

（2）保险合同解除是指在保险合同有效期间，当事人依法律规定或合同约定提前终止合同效力的一种法律行为。保险合同解除与保险合同变更的区别是，前者的目的是终止权利义务关系，后者的目的在于修改权利义务关系，保险合同在修改后将继续履行。

（3）保险合同解除工作流程如图 2-26 所示。

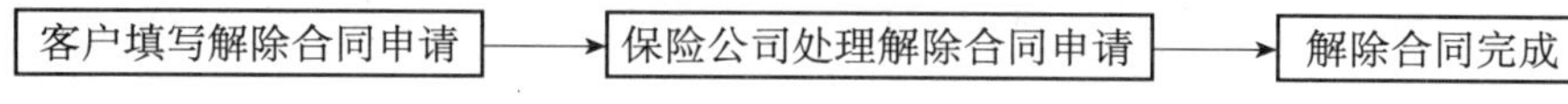

图 2-26　保险合同解除工作流程图

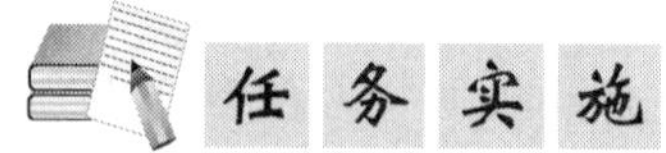

任务实施

一、客户提出退保申请

客户胡力伟填写退保申请，并递交给保险公司保全业务部工作人员，如图 2-27～图 2-29 所示。

图 2-27　进入保险公司保全业务部

序号	保险单号	保险公司	主险名称	处理状态
1	P201511102101272	中国平安保险公司	意外险	未解除

图 2-28　查看保险合同

中国平安保险公司

PA

保险合同解除申请书

保单号码　P201511102101272　　投保人 胡力伟 申请日期　2016-12-3

一、填写说明：请用黑色钢笔或黑色签字笔在变更项目前的口内打√，并正楷填写变更内容。

二、变更项目和内容：

501 ☑ 犹豫期退保	☑ 整单犹豫期退保 □ 附加险犹豫期退保 附加险的险种简称及代码
502 □ 退保	□ 整单退保 □ 附加险退保 附加险的险种简称及代码　　退保对象（被保险人） □ 本人 □ 配偶 □ 子女 □ 其他被保险人 □ 本人 □ 配偶 □ 子女 □ 其他被保险人 □ 本人 □ 配偶 □ 子女 □ 其他被保险人
	退保原因： □ 经济原因 □ 出国定居 ☑ 险种不理想 □ 服务不满意 □ 理赔不满意 □ 其他*

三、退保金支付方式：

☑ 转账方式	□ 续期交费账户 □ 其他账户 开户银行：中国银行　代码（由公司填写）：　钞汇类型（外币险种填写） ☑ 现钞 □ 现汇 账户所有人姓名：胡力伟　结算账号：6210128932189876108
□ 柜面收付方式	

四、批单／函件送达方式*：

□ 邮寄 ☑ 自领

五、申请类型*：

☑ 本人申请 □ 委托服务人员代办 □ 委托他人代办

六、申请人声明和签名：

1.本人已经详细阅读并同意客户须知；2.新增附险客户声明：本人已认真阅读和理解新增险种条款，对条款内容特别是责任免除条款、合同解除条款均作了解并同意遵守。其他任何与本申请书各事项及保险条款不相符的解释、说明或书面承诺均无效；3. 客户信息使用声明：本人所提供的全部个人资料，仅限于中国平安保险公司及其认为业务必要而委托的第三方为本人提高质量的客户服务及推荐产品之用。中国平安保险公司及必要第三方对本人的个人信息负有保密义务。

七、投保人签名：

胡力伟	有效证件号码：	330103196810308814

八、代办人／协办人填写：业务代码：　　代办人电话：区号　　电话

签名：　　证件类型：　　证件号码：

图 2－29　填写保险合同解除申请书

二、保险公司审核退保申请

中国平安保险公司保全业务部工作人员，详细审核保单和退保申请，做出批示后合同正式解除，如图 2－30 和图 2－31 所示。

图 2-30　进入保险公司保全业务部

序号	保险单号	投保单编号	投保人	申请时间	主险名称	合同解除
1	P201511102101272	12000201500037	胡力伟	2015/12/3	意外险	已处理

图 2-31　解除合同

一、保险合同的解除方式

保险合同的解除是一种法律行为，其形式有下述两种。

（一）法定解除

法定解除是法律赋予合同当事人的一种单方解除权。《保险法》第十五条规定：“除本法另有规定或者保险合同另有约定外，保险合同成立后，投保人可以解除合同……”法律之所以给投保人这样的权利，是因为投保人订立保险合同的目的是保险事故或保险事件发生后，可以从保险人那里获得保险保障。但当主客观情况发生变化，投保人感到保险合同的履行已无必要，则可解除保险合同。但是，法律对此也有以下必要的限制：

（1）货物运输保险合同和运输工具航程保险合同，保险责任开始后，合同不得解除。

（2）当事人通过保险合同约定，对投保人的合同解除权做出限制的，投保人不得解除保险合同。

为了保护被保险人的利益，《保险法》对保险人解除合同做出了规定：“除本法另有规定或者保险合同另有约定外，保险合同成立后……保险人不得解除合同。”

依照《保险法》的规定，当以下法定事由发生时，保险人有权解除保险合同：

（1）投保人故意或过失未履行如实告知义务，足以影响保险人决定是否承保或者以何种保险价格承保时。

（2）投保人、被保险人未履行维护保险标的的义务。

（3）被保险人未履行危险增加通知的义务。

（4）在人身保险合同中，投保人申报的被保险人的年龄不真实，并且其真实年龄不符合合同约定的年龄限制的，保险人可以解除合同，并在扣除手续费后，向投保人退还保险费，但是自合同成立之日起逾二年的除外。

（5）分期支付保险费的保险合同，投保人在支付了首期保险费后，未按约定或法定期限支付当期保险费的，合同效力中止。合同效力中止后 2 年内双方未就恢复保险合同效力达成协议的，保险人有权解除保险合同。

（6）保险欺诈行为发生后，下述两种情形保险人有权解除保险合同：其一是被保险人或受益人在未发生保险事故的情况下，谎称发生了保险事故，向保险人提出赔偿或者给付保险金的请求；其二是投保人、被保险人或者受益人故意制造保险事故。

但是人身保险合同的投保人交足 2 年以上保险费的，保险人应当按照合同的约定向其他享有权利的受益人退还保险单的现金价值。

保险合同的法定解除关系到双方的重大利益，故应当采取书面的形式。

（二）协议解除

协议解除又称约定解除，是指当事人双方经协商同意解除保险合同的一种法律行为。保险合同的协议解除要采取书面的形式。

保险合同的协议解除要注意两个问题：

（1）不得损害国家和社会公共利益。

（2）货物运输保险和运输工具航程保险的保险合同不得解除保险合同。

二、保险合同解除的后果

保险合同解除的后果是指解除保险合同的行为对原保险合同权利义务的溯及力。按照《保险法》的规定，保险合同对以下情形不具有溯及力：

（1）投保人故意不履行如实告知义务，保险人不退还保险费。

（2）投保人、被保险人或受益人因欺诈行为而被解除保险合同的，保险人不退还保险费。

（3）投保人要求解除保险合同的，保险责任开始后，保险人收取的自合同生效至合同解除期间的保险费不予退还。

项目三　人寿保险客户服务

项目描述

客户基本信息如下：

- 姓名：刘伟
- 性别：男
- 家庭住址及邮编：北京市丰台区丰台路191号，邮编100076
- 学历：本科
- 婚姻状况：已婚
- 生日：1968-01-03
- 身高：178cm
- 体重：80kg
- 身份证号码：110106196801038814
- 联系方式：13166666240
- 邮箱：liuwei@163.com
- 工作单位：丰台公安分局
- 职务：刑警
- 单位电话：010-60276503
- 开户行：平安银行6223128932189876108

客户了解了保险公司的保险产品后，决定进行投保。在投保之后进行缴费、签收等操作。同时，客户可在保险承保前进行撤件，或在承保后变更或解除保险合同。在发生人寿保险合同所载明的危险事件后，向保险销售人员或保险公司报案，并进行理赔申请。

请以保险客户服务部门人员的角色，完成新单服务岗、保全服务岗、理赔岗、单证管理岗、收付费岗的相应工作。

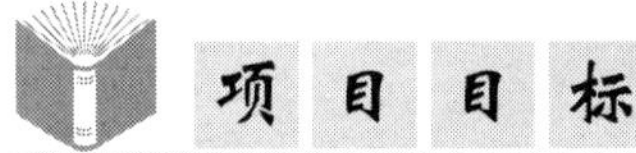

通过本项目的学习，你应当能够：

（1）熟悉新单服务岗的工作内容和工作过程，能够为人寿保险客户提供业务员交单，接单初审，新单受理，投保资料录入、交接、归档，核保等服务。

（2）熟悉保全服务岗的工作内容和工作过程，能够为人寿保险客户提供客户资料变更、合同解除等服务。

（3）熟悉收付费岗的工作内容和工作过程，能够为人寿保险客户提供收付费业务。

（4）具备良好的服务意识和认真负责的工作态度。

任务一　提供人寿保险投保服务（直接投保）

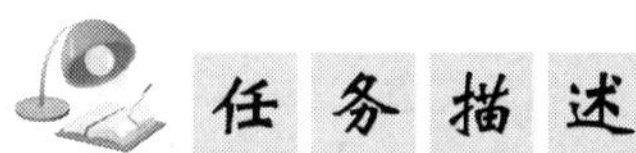

2016 年 1 月 30 日，保险销售员张立向客户刘伟推荐中国平安保险公司的人寿保险产品，并为其制作了投保计划。刘伟及家人考虑后于当天决定投保。

投保书信息如下：

- 被保险人：刘伟
- 身故保险金受益人：该客户的儿子刘桢，1998－04－10 出生，100％受益，受益顺序为 1，身份证号 110106199804102235
- 主险：智富人生终身寿险，基本保险金额 200 000 元，保费 10 000 元/年，交费频次为年交

- 首期/续期/续保交费方式：转账
- 续期保险费超过宽限期仍未交付时：保险费不自动垫交
- 其他：目前被保险人享有社会医疗保险，身体健康，年薪15万元

请按照新单服务岗和收付费岗的工作内容和工作过程，为其办理投保书审核、录单和缴费等手续。

任务目标

（1）熟悉新单服务岗的工作内容和工作过程，能够为人寿保险个人客户提供业务员交单，接单初审，新单受理和投保资料录入、交接、归档，核保等服务。

（2）熟悉收付费岗的工作内容和工作过程，能够为人寿保险个人客户提供保险费和保险金等的收付服务。

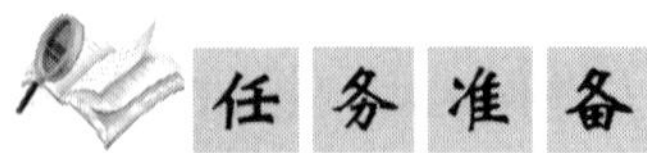

任务准备

人寿保险直接投保流程如图3-1所示。

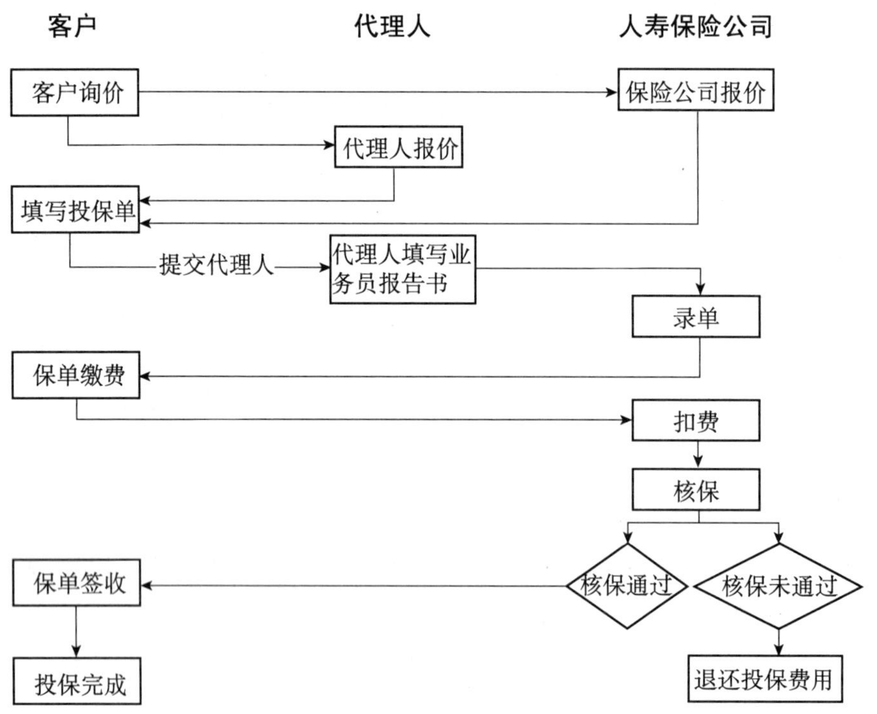

图3-1　人寿保险直接投保流程图

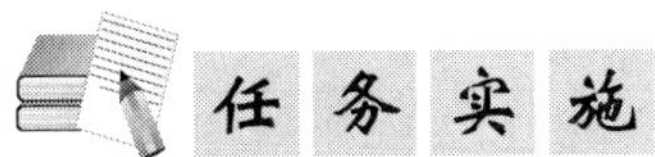

一、客户投保

保险销售人员张立帮助刘伟及其家人了解投保流程，指导填写人身保险投保书，并提交相关资料，如图 3－2 和图 3－3 所示。

中国平安保险公司

人身保险投保书

销售渠道	1
业务员姓名	张立
业务员代码	1800220017
业务员部组	营业销售部
暂收收据号	
保险合同号	

本次同时投保共 1 单，第 1 单（**请用黑色墨水笔填写投保书**）

投保人

姓名：刘伟　性别：◉男 ◉女　国籍：中国　户籍所在地：北京　学历：本科　婚姻状况：已婚
出生日期：1968-01-03　年龄：48 周岁　身高：178 厘米　体重：80 千克
证件类型：◉身份证 ◉其他　证件号码：110106196801038814
工作单位：丰台公安分局　职务：刑警　职业：　职业代码：3020200　[代码查询]
手机：13166666240　小灵通／市话通：区号　号码：　家庭电话：区号　号码：
办公电话：区号　号码：　分机：　联系首选方式：◉手机 ◉小灵通/市话通 ◉家庭电话 ◉办公电话
联系地址：　省／直辖市　市　区／县　邮政编码：
家庭地址：北京 省／直辖市 北京 市 丰台 区／县丰台路191号　邮政编码：100076
E-mail：liuwei@163.com　投保人是被保险人的：◉本人 ○配偶 ○父母 ○子女 ○其他

被保险人（投保人与被保险人为同一人时可不填写被保险人资料）

姓名：＿＿　性别：◉男 ○女　国籍：＿＿　户籍所在地：＿＿　学历：[博士]　婚姻状况：[已婚]
出生日期：＿＿　年龄：＿＿周岁　身高：＿＿厘米　体重：＿＿公斤
证件类型：◉身份证 ○其他　证件号码：＿＿
工作单位：＿＿　职务：＿＿　职业：＿＿　职业代码：＿＿　[代码查询]
手机：＿＿　小灵通／市话通：区号＿＿　号码：＿＿　家庭电话：区号＿＿　号码：＿＿
办公电话：区号＿＿　号码＿＿　分机＿＿　联系首选方式：○手机 ○小灵通/市话通 ○家庭电话 ○办公电话
联系地址：＿＿省／直辖市＿＿市＿＿区／县＿＿　邮政编码：＿＿
家庭地址：＿＿省／直辖市＿＿市＿＿区／县＿＿　邮政编码：＿＿
E-mail：＿＿

身故保险金受益人

姓名：刘桢　性别 ◉男 ○女　出生日期：1998-04-10　是被保险人的：儿子，是否为投保人：○是 ◉否
证件类别：◉身份证 ○其他　证件号码：110106199804102235　受益比例：100 %　受益顺序：1
姓名：＿＿　性别 ◉男 ○女　出生日期：＿＿　是被保险人的：＿＿，是否为投保人：◉是 ○否
证件类别：◉身份证 ○其他　证件号码：＿＿　受益比例：＿＿%　受益顺序：＿＿

图 3－2　人身保险投保书

投保事项(以下项目若未填选则视为未申请) 修改主险

	投保险种简称	基本保险金额(元)	保险期间	交费年期	期交/趸交保险费(元)
主险	智富人生	200 000	终身	年交	10 000
	被保险人配偶投保险种	基本保险金额	期交保险费(元)	被保人子女投保险种	基本保险金额期交保险费

附加险	一年期意外险保险计划		被保险人				被保险人配偶	被保险人子女	说明：若被保险人配偶及子女身故，则受益人为其法定继承人。
			□计划A	□计划B	□计划C	自选计划			
	基本保险金额	附加意外08	3万元	5万元	10万元				
		意外医疗08	1万元	1.5万元	2万元				
		意外住院08	3份	3份	3份				

添加附加险

期交/趸交保险费合计：(大写) 壹万元整　　(小写) 10 000 元

追加保险费：(大写) 零元整　　(小写) 0 元

交费频次：◉年交 ○趸交 ○其他＿＿＿＿　一年期主险/一年期附加险自动申请续保：◉是 ○否

首期交费方式：◉银行转账 ○自交　续期/续保交费方式：◉银行转账 ○自交

续期保险费超过宽限期仍未交付时，选择保险费自动垫交：○是 ◉否(仅当保险合同有现金价值日允许自动垫交时适用)

养老金领取年龄：60　养老金领取方式：◉年领 ○月领

目前被保险人是否享有社会医疗保险或公费医疗保障 ◉是 ○否
(此处所称的社会医疗保险指目前国内城镇居民按照国家有关规定参加的社会医疗保险，不包括农村合作医疗)

分红保险填写

红利选择方式：
○累积生息　○抵交保险费　○购买交清增额保险

注：如选择抵交保险费方式，而抵交时的红利不足以抵交合同主险、附加险当时应交保险费合计时，投保人应补足差额，以保证合同有效。

转账授权

账户所有人姓名：刘伟　　开户银行：平安银行

账号 6223128932189876108　　账户为：◉投保人结算账户 ○被保险人结算账户 ○投保人信用卡

1.账户所有人须以本人真实姓名开立结算账户，并授权中国平安保险公司(以下简称"本公司")和开户银行从该结算账户中划扣投保人的保单所需交付的各期保险费。账户所有人同意该结算账户中所扣交保险费优先于其他任何用途的支付。
2.在首期保险费采用转账支付的方式下，因账户内余额不足或其他非本公司原因导致转账不成功，投保人应重新办理转账或现金支付手续，未及时支付保险费将导致当次投保申请失败。当撤销/拒绝/延期投保并需退还预收保险费时，所有预收保险费无息退还账户所有人。
3.在续期保险费采用转账支付的方式下，账户所有人应在保险费应交日前将足额保险费存至该结算账户中，如在应交日前未将保险费存入账户，投保人应在保单宽限期内通过其他方式交纳续期保险费。因账户内余额不足或其他非本公司原因导致转账不成功而引起的责任，概由投保人承担。采用转账支付后，若保单连续四次未通过该结算账户转账交纳续期保险费，我公司将停止对此账号扣款。
4.如果使用信用卡转账，投保人与信用卡持卡人须为同一人，并须符合银行关于信用卡的使用规定，本公司不承担非本公司原因导致的信用卡方面任何费用，如为信用卡转账而产生的退费需按银行规定退回原信用卡账户。
5.本授权书为账户所有人对本公司从其所提供的账号中扣款的授权证明，不作为收取现金的凭据。

健康告知(如保险条款中涉及对投保人承担保险责任事项，投保人栏必须填写)

询问事项	投保人 是 否	被保险人 是 否
01 您是否目前吸烟或曾经吸烟？若"是"，请告知每日吸烟量和吸烟年限。	□ ☑	□ ☑
	＿支/天＿年	＿支/天＿年
您是否已戒烟？若"是"，请在说明栏中告知戒烟时间及戒烟原因。	□ □	□ □

图3-2（续图）

02 您是否目前饮酒或曾经饮酒?若"是"，请告知每周饮酒量和饮酒年限。 酒的种类有①啤酒②葡萄酒③黄酒④白酒或洋酒等。 您是否现已停止饮酒？若"是"，请在说明栏中告知时间及原因。	□ ☑ 种类____ 两／周__年 □ □	□ ☑ 种类____ 两／周__年 □ □
03 您目前或过去一年内是否去医院进行过门诊的检查、服药、手术或其他治疗?	□ ☑	□ ☑
04 您过去三年内是否曾有医学检查(包括健康体检)结果异常?	□ ☑	□ ☑
05 您过去五年内是否曾住院检查或治疗(包括入住疗养院、康复医院等医疗机构)?	□ ☑	□ ☑
06 您是否目前或过去一年内曾有过下列症状? 反复头痛或眩晕、晕厥、咯血、胸痛、呼吸困难、呕血，黄疸、便血、听力下降、耳鸣、复视、视力明显下降、原因不明皮肤和黏膜及齿龈出血、原因不明的发热、体重下降超过5千克、原因不明的肌肉萎缩，原因不明的包块或肿物，身体的其他感觉异常或活动障碍?	□ ☑	□ ☑
07 您是否目前患有或过去曾经患过下列症候、疾病或手术史?若"是"，请在说明栏告知。 A．脑、神经系统及精神方面疾病，例如：癫痫、脑中风，脑炎、脑膜炎、脑血管瘤，运动神经元病、阿尔茨海默氏症、帕金森氏综合征、脊髓疾病、重症肌无力、多发性硬化、抑郁症、精神病、脑部手术史。 B．心血管的疾病，例如:高血压、冠心病、心绞痛、心律失常、心肌梗塞、先天性心脏病、风湿性心脏病、心肌病、室壁瘤、动脉瘤、心脏瓣膜病、主动脉疾病、下肢静脉曲张。 C．呼吸系统疾病，例如：慢性支气管炎、肺气肿、肺心病、哮喘、肺结核、肺栓塞、支气管扩张、尘肺、间质性肺病、肺纤维化。 D．消化系统疾病，例如:胃和／或十二指肠溃疡、胰腺炎、肝炎(请注明类型)、乙肝或丙肝病毒携带、多囊肝、肝内胆管炎、肝硬化、胆结石、慢性或溃疡性结肠炎、克隆病、腹部手术史。 E．泌尿系统疾病，例如:血尿、蛋白尿、尿路畸形、肾炎、肾病、肾脏功能不全、尿毒症、肾移植、肾积水、肾囊肿、泌尿系统结石、泌尿系统手术史。 F．骨骼、肌肉、结缔组织的疾病，例如：类风湿关节炎、强直性脊柱炎、椎管狭窄、脊柱裂、股骨头坏死、骨性关节炎、骨髓炎、皮肌炎、肌营养不良症、干燥综合征、系统性红斑狼疮。 G．内分泌、血液系统疾病，例如：糖尿病、痛风、甲状腺或甲状旁腺疾病、白血病、血友病、再生障碍性贫血、地中海贫血。 H．五官科疾病，例如：视网膜出血或剥离、青光眼、白内障、高度近视(800度以上)、美尼尔病、五官手术史。	□ ☑	□ ☑
08 您是否曾滥用药物或服用毒品？若"是"，请在说明栏告知。	□ ☑	□ ☑
09 您是否有智能障碍?是否有失明、聋哑及言语、咀嚼或身体其他部位缺损，残疾或功能障碍? 若"是"请在说明栏说明智能障碍等级、残疾部位(哪侧)、原因、有无功能障碍、是否使用辅助器械。	□ ☑	□ ☑
10 女性补充告知: A.您目前是否怀孕？若"是"，怀孕__周。 B.您怀孕及生产期间是否有合并症?例如：蛋白尿、高血压、糖尿病、宫外孕等。 C.您是否曾有阴道异常流血、畸胎瘤、葡萄胎、盆腔炎或其他任何乳房、子宫、卵巢的疾病?	□ ☑ □ ☑ □ ☑	□ ☑ □ ☑ □ ☑
11 被保险人的父母、子女、兄弟姐妹是否曾患有癌症、心脑血管疾病、白血病、血友病、糖尿病、多囊肝、多囊肾、肠息肉或其他遗传性疾病?(若是，请在下表告知)		□ ☑

患病对象	所患疾病名称	患病时年龄	生存情况	身故时年龄
		周岁	□健在 □身故	周岁
		周岁	□健在 □身故	周岁

12 两周岁以下(含两周岁)儿童补充告知: A.请告知出生时体重。 B.是否为早产、难产?出生时是否曾有产伤、窒息等异常情况? C.是否有畸形、发育迟缓、惊厥、抽搐、脑瘫、先天性和遗传性疾病?		____千克 □ □ □ □
13 您是否有参加赛车、赛马、搏击类运动、攀岩、潜水、滑雪、蹦极、飞行、探险或特技活动及其他高风险活动的爱好?若"有"，请在说明栏中告知参加的项目以及每年大约参加的次数。	□ ☑	□ ☑
14 家属栏(附加家庭保险时告知)：被保险人的配偶及子女是否有以上第1～第13项情况发生?	□ ☑	□ ☑
财务及其他告知		
15 您固定的年收入为多少万元?	15 万元	15 万元

图 3－2（续图）

问题		
16 A.您是否有机动车驾驶执照?若"有"，请告知驾照类型。 B.您是否曾违章驾车并发生交通事故? 若"是"，请在说明栏中告知次数、时间、违章类型。	☑ ☐ 类型 ____ ☐ ☑	☐ ☑ 类型 ____ ☐ ☑
17 A.在过去的两年中，您是否在本地以外的国家或地区(包括外地或境外)连续居住超过三个月? 若"是"，居住的国家或地区 ______，居住时间 ______ 个月。 B.近一年内，您是否计划出国? 若"是"，计划去的国家或地区 ______ 目的 ______ 居住时间 ______ 个月。	☐ ☑ ☐ ☑	☐ ☑ ☐ ☑
18 您目前是否已有或正在申请除本公司以外的人身保险? 若"是"，请在下面说明栏中详述投保险种、保险金额、承保公司和日期。	☐ ☑	☐ ☑
19 您是否投保其他保险公司的下列产品时，被非标准承保或申请过理赔? 产品：①人寿保险 ②重大疾病险 ③住院医疗险 ④意外险 ⑤其他保险 其结果为：①拒保 ②延期 ③附加条件或加费承保 ④提出或已经得到理赔	☐ ☑ 序号 ____ 序号 ____	☐ ☑ 序号 ____ 序号 ____

图 3-2（续图）

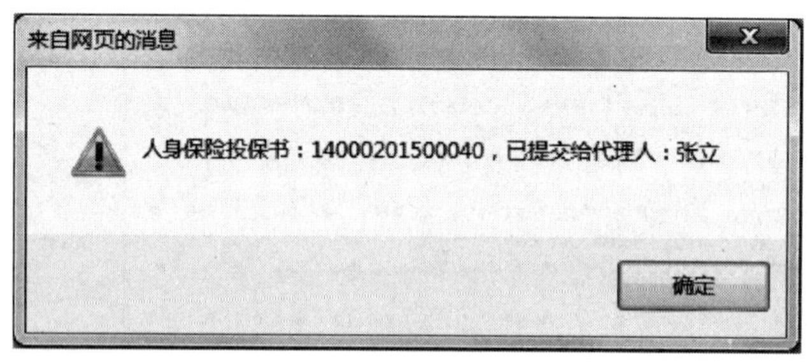

图 3-3　提交投保书

二、销售人员填写业务员报告书

为了更好地服务客户，保险销售人员张立指导客户填写完投保书后，还需填写业务员报告书，将其代理刘伟投保的事宜向公司营销部进行汇报，如图 3-4～图 3-6 所示。

序号	投保单编号	投保人	被保险人	保险时间
1	14000201500040	刘伟	刘伟	2016/1/30

图 3-4　查看保单

中国平安保险公司

业务员报告书

业务员姓名：张立　　　　业务员部组：营业销售部

业务员代码：1800220017　　　　投保书条形码：

A.被保险人有关资料(所有申请，必须填写此部分):

1.姓名：**刘伟**　　性别：男　　年龄：48

图 3-5　填写业务员报告书

2.你认识被保险人多久？ 2年

3.投保经过：业务员推销

4.投保目的：养老保障

5.目前从事何种职业？刑警　　从事本职业年限：15　年

6.估计全年收入(包括基本工资和红利)：去年 15　万元 前年 15　万元

7.从外观看，被保险人是否成病态或有生理缺陷？否

8.你是否曾听闻被保险人有疾病或接受医生治疗？否

B.投保人有关资料(如投保人非被保险人本人，必须填写此部分;若投保人与被保险人为同一人，则仅填写成4~7项)：

1.姓名：　　与被保险人关系：

2.目前从事何种职业？　　从事本职业年限：　年

3.估计全年收入(包括基本工资和红利)：去年　万元 前年　万元

4.家庭住宅所有权状况：单位住房

5.出行交通工具：私家车

6.投保人兴趣爱好：文艺

7.投保人拥有本公司以外的产品：无

C.高额保件(本次投保人身险保额50万元以上)招揽过程说明：(请说明与投保人的认识途径，招揽的时间、地点、方式)

业务员声明：

以上所报告的情况均属实，如有不实见证或报告，本人知道须承担相关法律责任。

业务员签字：张立　　业务员联系电话：13012127878　　2016年1月30日

图 3－5（续图）

序号	投保单编号	投保人	被保险人	保险时间	报告书
1	14000201500040	刘伟	刘伟	2016/1/30	已递交

图 3－6　业务员报告书递交单

三、录单

中国平安保险公司新单服务岗录单员查看保险销售人员张立递交的投保单和业务员报告书，然后录入单据，如图 3－7～图 3－9 所示。

图 3－7　进入录单管理页面

序号	投保单编号	投保人	销售人员	业务员报告书	主险名称	投保日期	处理
1	14000201500040	刘伟	张立	查看	智富人生（892）	2016/1/30	录单

图 3-8　查看业务员报告书并录单

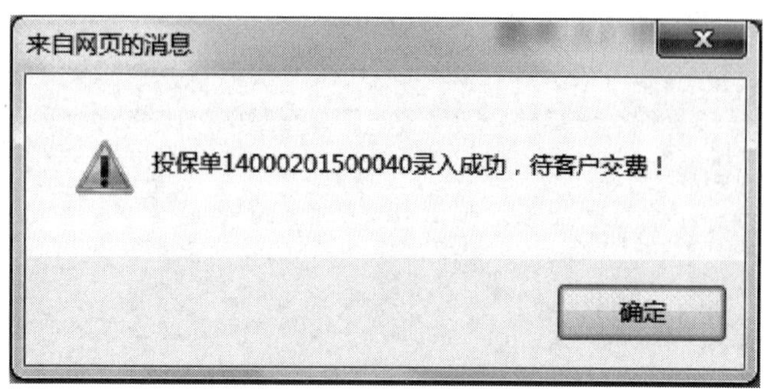

图 3-9　录单完成

四、保单缴费

中国平安保险公司录单后，保险销售人员张立通知客户刘伟缴纳保险费 10 000 元，如图 3-10 和图 3-11 所示。

序号	投保单编号	保险公司	业务员报告书	主险名称	投保日期	处理
1	14000201500040	中国平安保险公司	查看	智富人生（892）	2016/1/30	缴费

图 3-10　保单缴费

图 3-11　缴费成功

五、扣费

中国平安保险公司财务部收付费岗人员对缴费保单进行扣费处理，如图 3-12～图 3-14 所示。

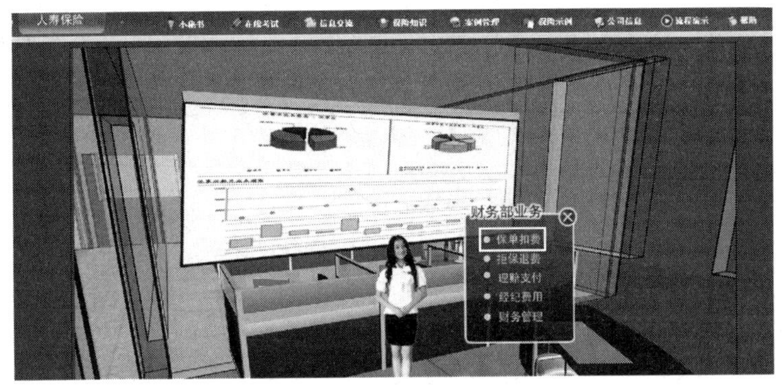

图 3-12　进入保单扣费页面

序号	投保单编号	投保人	销售人员	业务员报告书	主险名称	投保日期	处理
1	14000201500040	刘伟	张立	查看	智富人生（892）	2016/1/30	缴费

图 3-13　个单扣费

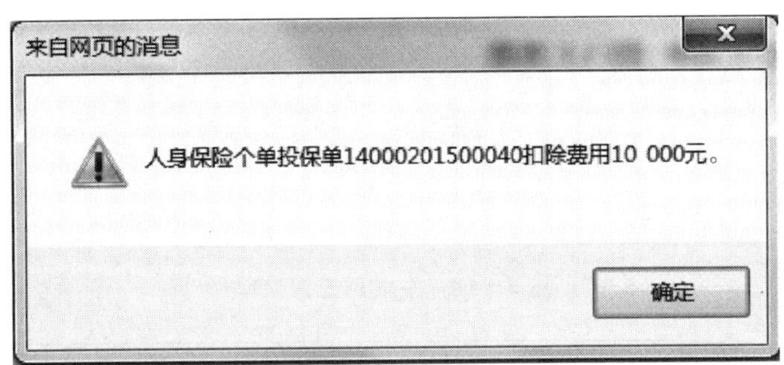

图 3-14　扣费成功

六、核保

扣费成功后，中国平安保险公司核保部人员审核投保单、投保事项、健康告知、财务及其他告知，填写核保说明以及是否给予通过，核保后保单正式生效，如图 3-15～图 3-19 所示。（保险条款：略）

图 3-15　进行核保

序号	投保单编号	投保人	销售人员	业务员报告书	主险名称	投保日期	核保状态
1	14000201500040	刘伟	张立	查看	智富人生（892）	2016/1/30	未核保

图 3-16　查看待核保单

核保说明：给予通过

图 3-17　填写核保说明

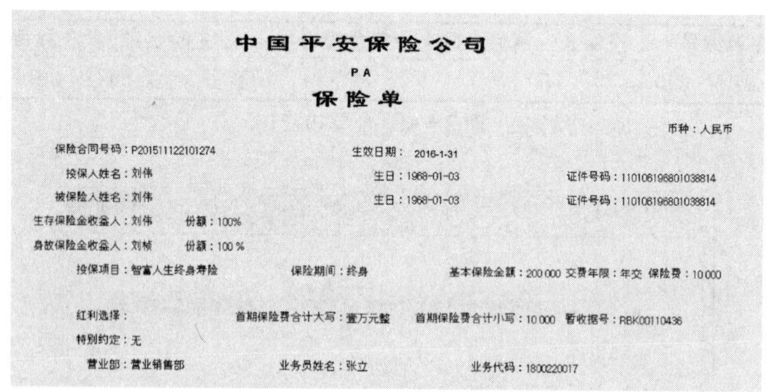

中国平安保险公司

PA

保险单

币种：人民币

保险合同号码：P201511122101274　生效日期：2016-1-31

投保人姓名：刘伟　生日：1968-01-03　证件号码：110106196801038814

被保险人姓名：刘伟　生日：1968-01-03　证件号码：110106196801038814

生存保险金收益人：刘伟　份额：100%

身故保险金收益人：刘桢　份额：100 %

投保项目：智富人生终身寿险　保险期间：终身　基本保险金额：200 000 交费年限：年交　保险费：10 000

红利选择：　首期保险费合计大写：壹万元整　首期保险费合计小写：10 000　暂收据号：RBK00110436

特别约定：无

营业部：营业销售部　业务员姓名：张立　业务代码：1800220017

图 3-18　生成正式保险单

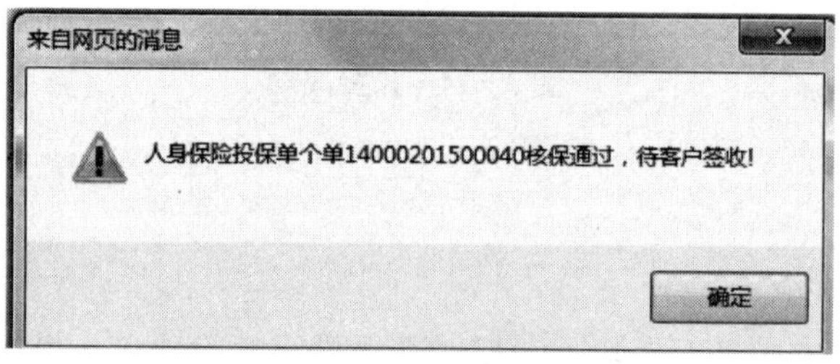

图 3-19　核保通过

七、保单签收

保险公司扣费后，保险销售人员张立将正式投保单转交给客户刘伟。刘伟查看无误签收后，张立将信息反馈给保险公司营销部，如图 3-20 和图 3-21 所示。

序号	保险单号	保险公司	主险名称	投保时间	操作
1	P201511122101274	中国平安保险公司	智富人生（892）	2016/1/30	已签收

图 3-20　签收保单

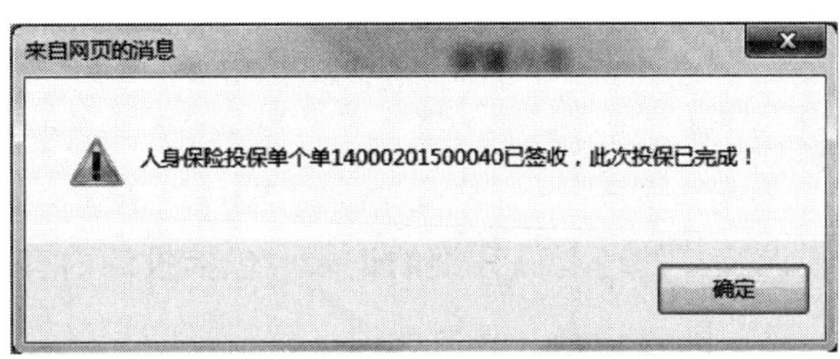

图 3-21 投保完成

一、处理投诉的原则

无论处理什么样的投诉，都必须要以顾客的思维模式寻求解决问题的方法。处理投诉的原则包括下述五个方面。

（一）正确的服务理念

需要不断地提高全体员工的素质和业务能力，树立全心全意为客户服务的思想。投诉处理人员面对愤怒的客户一定要注意克制自己，避免感情用事，始终牢记自己代表的是公司的整体形象。

（二）有章可循

要有专门的制度和人员来管理顾客投诉问题，使各种情况的处理有章可循，保证服务的统一、规范。另外要做好各种预防工作，使顾客投诉防患于未然。

（三）及时处理

处理投诉时切记不要拖延时间、推卸责任，各部门应通力合作，迅速做出反应，向客户稳重、清楚地说明事件的缘由，并力争在最短时间里全面解决问题，给客户一个圆满的结果。否则，拖延或推卸责任会进一步激怒投诉者，使事情进一步复杂化。

（四）分清责任

不仅要分清造成客户投诉的责任部门和责任人，而且需要明确处理投诉的各部门、各类人员的具体责任与权限，明确客户投诉得不到及时、圆满解决的责任。

（五）留档分析

对每一起客户投诉及其处理要做详细的记录，包括投诉内容、处理过程、处理结果、客户满意程度等。通过记录，吸取教训，总结经验，以为以后更好地处理客户投诉提供参考。

二、投诉总结

（1）总结发生这次投诉的原因是什么。

（2）检讨处理得失。

（3）提出改善公司工作的意见。

任务二　提供人寿保险保单变更服务（核保及补退费类变更）

2016 年 5 月 21 日，客户刘伟要求销售人员张立帮其做职业变更（现已由刑警转为原单位内勤人员）。

（1）熟悉保全服务岗的工作内容和工作过程，能够为人寿保险客户提供客户资料变更等服务。

（2）熟悉客户接待礼仪，能够按礼仪标准为客户提供规范的服务。

（3）具备良好的服务意识和认真负责的工作态度。

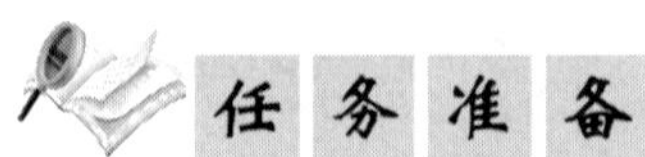

（1）核保及补退费类变更项目明细：复效、加保、减保、档次保障变更、新增附险、终止附险、职业变更、补充告知、追加保费、增加合同保费、保单还款。

(2) 保单变更流程如图 3－22 所示。

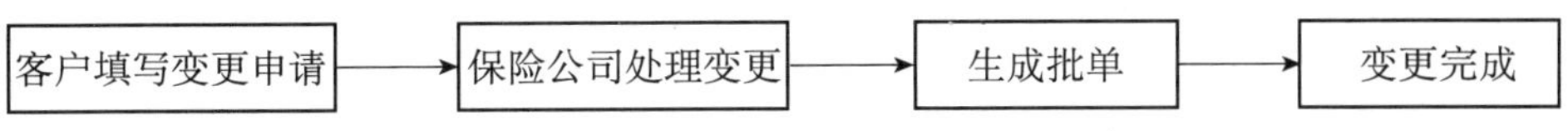

图 3－22 保单变更流程图

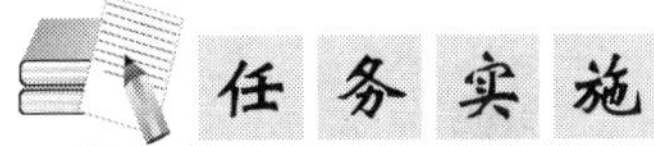

一、客户提出变更申请

2016 年 5 月 21 日，客户刘伟要求保险销售人员张立帮其做职业变更（现已由刑警转为原单位内勤人员）。张立指导其填写保单变更申请书，并将申请和相关材料递交给保险公司保全业务部，如图 3－23 和图 3－24 所示。

中国平安保险公司

PA

保险合同变更申请书（核保及补退费类）

保单号码 P201511122101274 投保人 刘伟 申请日期 2016-5-21

一、填写说明：1. 请详细阅读申请书终端用户界面的客户须知，然后用黑色钢笔或黑色签字笔在变更项目前的□内打√，并正楷填写变更内容。

2. "变更对象(被保险人)"的序号含义：1本人、2配偶、3子女、4其他被保险人，选择4请在横线上填写其他被保险人姓名。

3. 变更项目为201、202、205、207、208的，请同时填写健康及财务告知。

二、变更项目和内容：

变更项目	内容
□ 201 复效 （已经停止销售的一年期附加险不能复效）	请选择复效产品： □整单复效 □仅复效主险 □主险与部分附加险同时复效 □仅复效附加险* 如果您选择3或4，请填写需要复效的附加险信息：________（存在有效万能主险才可选择4） 附加险的产品简称代码 ________* 变更对象(被保险人) □1 □2 □3 □4* 附加险的产品简称代码 ________ 变更对象(被保险人) □1 □2 □3 □4
□202 加保 □203 减保 □204 档次保障变更	产品简称及代码 变更对象(被保险人) 变更后的保额／份数 "可选保障"选择 ________* □1 □2 □3 □4* ________* □增加 □取消 ________ □1 □2 □3 □4 ________ □增加 □取消 如果您选择增加档次或增加可选保障，须同时填写健康及财务告知。
□205 新增附险 □206 终止附险 （终止附险只需填写产品名称及代码、变更对象）	产品简称及代码 变更对象(被保险人) 保额／份数 交费年限 保险期限 "可选保障"选择 是否自动续保 ________* □1 □2 □3 □4* ______* ______* ______* □是 □否 □是 □否* ________ □1 □2 □3 □4 ______ ______ ______ □是 □否 □是 □否 如果您申请新增附险请确认生效日是否为下一个应交日： □是 □否（万能重疾提前给付产品只能选择2否，即时生效）

图 3－23 填写保险合同变更申请书

☑207 职业变更	变更对象：□投保人 ☑被保险人 □其他被保险人* 变更后的职业：内勤 *职业代码：3019900 *代码查询
□208 补充告知	告知对象：□投保人 □被保险人 □其他被保险人* 告知事项起点时间：______ * 告知原因：□投保时未如实告知 □保全项目中未如实告知 □健康状况改善 □变更或取消特别约定*
□209 追加保费	金额(小写)：______ *元
□210 保单还款	金额(小写)：______ *元

三、保险款项收付方式*：

□转账方式	□续期交费账户 □其他账户* 开户银行：______ *代码(由公司填写)：______ 钞汇类型(外币产品填写) □现钞 □现汇* 账户所有人姓名：______ *结算账号：______ *
☑柜面收付方式	

四、批单／函件送达方式*：

□邮寄 ☑自领

五、申请类型*：

☑本人申请 □委托服务人员代办 □委托他人代办

六、申请人声明和签名：

1.本人已经详细阅读并同意客户须知；2.新增附险客户声明：本人已认真阅读和理解新增产品条款，对条款内容特别是责任免除条款、合同解除条款均作了解并同意遵守。其他任何与本申请书各事项及保险条款不相符的解释、说明或书面承诺均无效；3.客户信息使用声明：本人所提供的全部个人资料，仅限于中国平安保险公司及其认为业务必要而委托的第三方为本人提供高质量的客户服务及推荐产品之用。中国平安保险公司及必要第三方对本人的个人信息负有保密义务。

投保人签名：刘伟	被保险人或其监护人签名：刘伟	其他被保险人或其监护人签名：刘伟

图 3-23（续图）

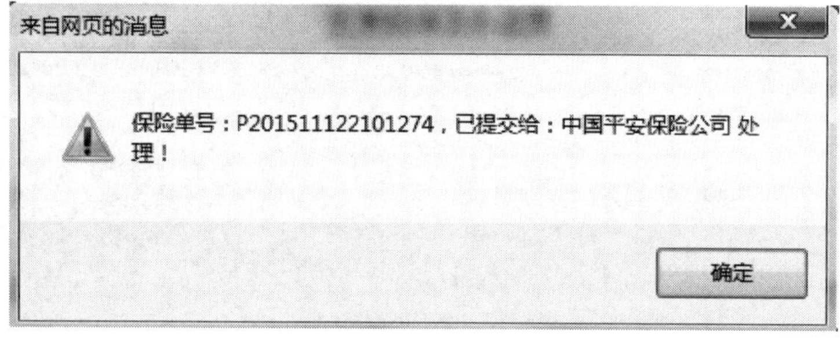

图 3-24　提交保单变更申请书

二、保险公司审核变更申请

中国平安保险公司保全服务部人员查看客户刘伟的变更申请，对申请事项进行审核，并在变更申请表上填写“同意变更”字样，生成变更批单后保单正式生效，如图 3-25～图 3-29 所示。

图 3-25 进入保全业务部

序号	保险单号	投保单编号	投保人	主险名称	投保日期
1	P201511122101274	14000201500040	刘伟	智富人生终身寿险	2016/1/30

图 3-26 查看待变更保单

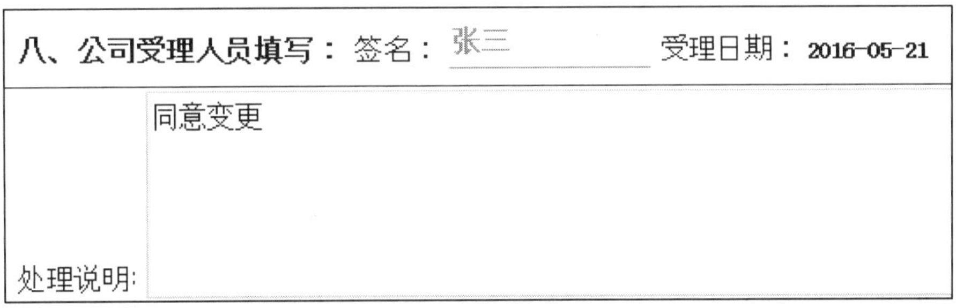

八、公司受理人员填写： 签名： 张三 受理日期： 2016-05-21

处理说明:	同意变更

图 3-27 填写变更说明

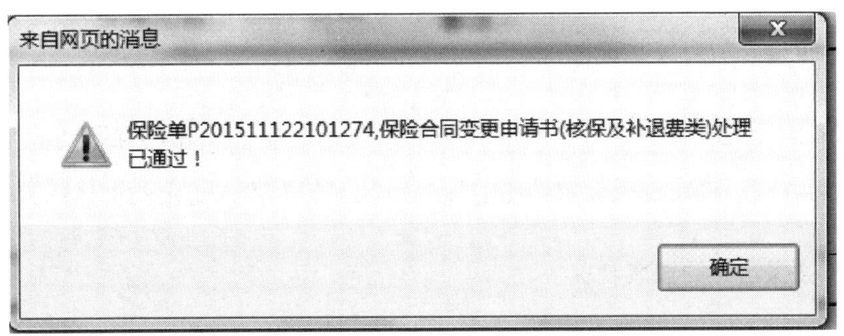

图 3-28 变更处理

批单

保单号：P201511122101274

批单号：P2015111221012741

申请人：刘伟

申请日期： 2016-05-21

批改项目：职业变更

批改日期： 2016-05-21

批改前：刑警

批改后：内勤

图 3-29 生成批单

一、保单失效的原因

导致保单失效的原因是多方面的，归纳起来主要有下述几个方面。

（一）社会经济环境的变化

国外研究表明，保单失效率受社会整体经济环境变化的影响。经济环境良好时，保单失效率相对降低；经济环境恶化或经济波动时，保单失效率相对提高。

由于寿险合同一般为长期合同，其价格和保险金额一旦确定，在保险有效期间许多产品拥有相对稳定且较高的价值。而一旦经济环境变得恶劣且波动大，市场利率的升高或通货膨胀率、连续大规模国家财政赤字及其引起的高利率就会使保单持有人因担忧寿险产品的灵活性或保值性而导致失效率提高。

（二）投保人的经济状况

投保人的经济状况很显然会影响保单的失效率，在参加相同保险的人群中，经济状况差而收入不稳定的投保群体必然比经济状况好而收入稳定的群体的失效率高。

（三）被保险人的健康状况

对参加死亡保单的投保群体而言，当健康的被保险人感到缴费困难时，往往会毫不犹豫地退保，而健康状况不好的被保险人会充分认识到保险的价值而尽量缴付保费，不会轻易退保。

（四）保单年度

保单失效率一般随保单年度的增加而降低。当然也有例外，如保费递增的定期寿险的失效率，常常会随保单年度的增加而提高；而个人年金各年的失效率基本比较稳定。

（五）被保险人的投保年龄

十几岁到二十几岁的被保险人保单失效率较高，30 岁以上的被保险人随年龄增大保单失效率则会降低。

（六）保额

大额保单的失效率通常较低额保单的失效率低。

（七）保费支付方式的频率

按年缴费在每月从工资中扣除保费的失效率低，每月直接缴费的失效率较高。

（八）性别

当其他情况相同时，女性的保单失效率较男性低。

（九）保单类型

保单的类型不同，其失效率是有所区别的。如定期寿险、终身寿险、个人年金等的失效率各不相同。

二、保单失效的主要影响

正常、合理的失效率应与预定失效率大体相当，高出一定限度的失效率会直接影响公司的偿付能力，威胁公司的生存与发展。失效率对寿险的影响是多方面的，但最主要、最深远的影响有下述几个方面。

（一）失效率对寿险定价的影响

由于保单失效会给公司增加许多费用，所以无形中就增加了公司的经营成本。

若给寿险品种定价时不把这种增加的成本计入品种的价格，对公司来说是不公正的，时间一长还会影响公司的偿付能力。因此，精算师在确定寿险品种价格时，对具体险种的失效率必须根据以往的经验作出合理的预估。若使用的预定失效率过高，则会降低险种的市场竞争力；若使用的预定失效率过低，则会增加保险公司的负担，于公司、于客户皆不利。

（二）对公司资产与负债匹配的影响

公司的资产与负债相匹配，主要是指现金流入与现金流出相均衡或其差额应在安全范围之内。意外的、较高的失效率（一般在恶劣的经济环境下），常常表现为大量现金的急速流出，同时现金流入亦较正常情况相对减少。这种现金流的变化，一方面会相对减少公司的资产，另一方面又会增加公司的负债。过大的现金流出还会导致流动资金的短缺，若公司积累的专门用来应付意外情况的盈余基金仍不能弥补，公司就只有被迫以较低的价值出售长期投资资产，可能会使投资资产难以达到预定的投资收益，造成公司的资产与负债失衡，严重时还会危及公司的财务安全。

三、保单失效的改善方法

（一）对保单失效率分类管理和研究

由于保单失效率与保单类型、保单年度、投保年龄相关，因此首先要将保单进行分类管理，对不同类型的保单分年龄、分保单年度建立连续、完整的失效经验数据。通过对这些经验数据的研究，寻求各险种、各投保年龄、各年度的失效率分布状况；探讨意外升高的失效率的内在相关因素及其与外界影响因素的关系，并研究由此引发的相关问题。这是我们确定合理预定失效率的基础，也是应对意外失效率增大时采取各种有效措施的基础。

（二）确定合理的寿险品种价格

合理的品种价格必须反映合理的失效假设，而合理的失效率假设又必须以经验失效率为基础。由于我国欠缺对寿险失效率的研究，加之经验数据残缺不全，产品价格制定的合理性、科学性也就存在诸多问题。而不合理的价格又会反过来影响失效率的分布状况。

（三）加强寿险资产与负债的管理

由前面的分析可知，失效率对寿险资产与负债都会产生影响，而且会破坏相互间的匹配关系，要克服这种影响，应从以下几方面入手：

（1）加强寿险资产的管理和运营。寿险资产对股份制寿险公司而言，实质为一种负债金融资产，加之寿险资产的特殊性，因此在管理和运营寿险资产时必须考虑其与负债间的合理匹配，科学配置资产的投资工具，做到既保证资产的安全性，又有较高的投资效率，同时还要考虑部分资产的变现能力。

（2）加强负债管理。负债管理是资产管理的基础，若负债管理不当会给资产管理带来极大压力，对负债管理的主要目的是使负债的变化水平保持合理。当意外升高的失效率出现时，会使资产与负债的变化处于极不协调的状态，这时一方面要调整资产的结构，另一方面要尽可能使负债处于较低的变化水平，可采用的处理方法有：增加退保费用、限制分红条件、优化险种结构等。

（3）加强盈余管理，对寿险公司的盈余进行合理分配。寿险公司的盈余可分配为四个部分：现金流动盈余、偿付能力盈余、稳定盈余、目标盈余，其中目标盈余包括其余三种盈余。在追求目标盈余的同时，公司必须按一定比例提存并形成前两种盈余基金的积累，以使在大量的退保出现而导致变现能力强的资产不能完全应付大量现金流出时，后两种盈余的积累能够缓解现金短缺的困境，同时改善公司的偿付能力。

（四）调整产品结构，适度创新寿险品种

通过对失效率分布规律的研究，我们可以把握大规模保单失效的时机，从保单结构出发，做出合理调整：一方面对失效率过高的品种进行抑制或取消该品种的销售；另一方面开发出能降低失效率或缓解失效率影响的适销对路的新险种，如万能寿险、变额寿险、变额万能寿险，优化险种结构，使公司朝着健康、稳定的方向发展。

任务三　提供人寿保险合同解除服务（保险期内退保）

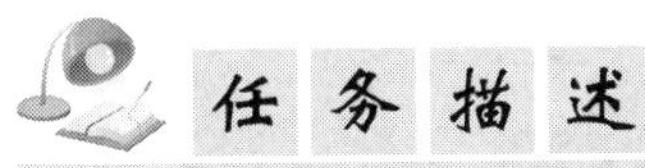

客户刘伟在2016年6月30日向保险公司提出退保要求，退保原因为出国定居。请

为其提供合同解除服务，退款通过转账方式直接转入刘伟的保费扣款账号，批单自领。

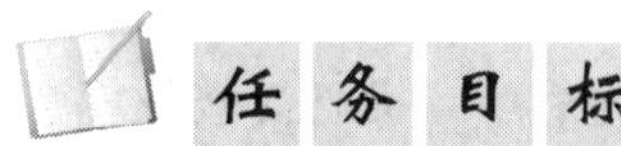

任务目标

（1）熟悉保全服务岗的工作内容和工作过程，能够为人寿保险客户提供合同解除服务。

（2）熟悉客户接待礼仪，能够按礼仪标准为客户提供规范的服务。

（3）具备良好的服务意识和认真负责的工作态度。

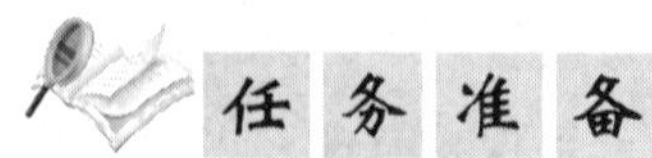

任务准备

保险合同解除工作流程如图 3－30 所示。

客户填写解除合同申请 → 保险公司处理解除合同申请 → 解除合同完成

图 3－30　保险合同解除工作流程图

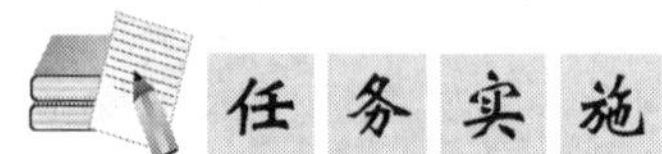

任务实施

一、客户提出退保申请

客户刘伟填写退保申请，并递交给保险公司保全业务部工作人员，如图 3－31 和图 3－32 所示。

图 3－31　进入保险公司保全业务部

中国平安保险公司
PA

保险合同解除申请书

保单号码 P201511122101274　　投保人 刘伟　　申请日期 2016-6-30

一、填写说明：请用黑色钢笔或黑色签字笔在变更项目前的□内打√，并正楷填写变更内容。

二、变更项目和内容：

501 □犹豫期退保	□整单犹豫期退保 □附加险犹豫期退保 附加险的险种简称及代码 ______ ______
502 ☑退保	☑整单退保 □附加险退保 附加险的险种简称及代码　　退保对象(被保险人) ______ ______ □本人 □配偶 □子女 □其他被保险人 ______ ______ ______ □本人 □配偶 □子女 □其他被保险人 ______ ______ ______ □本人 □配偶 □子女 □其他被保险人 ______
	退保原因： □经济原因 ☑出国定居 □险种不理想 □服务不满意 □理赔不满意 □其他*

三、退保金支付方式：

☑转账方式	☑续期交费账户 □其他账户
	开户银行：______ 代码(由公司填写)：______ 钞汇类型(外币险种填写) □现钞 □现汇 账户所有人姓名：______ 结算账号：______
□柜面收付方式	

四、批单／函件送达方式*：

□邮寄 ☑自领

五、申请类型*：

☑本人申请 □委托服务人员代办 □委托他人代办

六、申请人声明和签名：

1.本人已经详细阅读并同意客户须知；2.新增附险客户声明：本人已认真阅读和理解新增险种条款，对条款内容特别是责任免除条款、合同解除条款均作了解并同意遵守。其他任何与本申请书各事项及保险条款不相符的解释、说明或书面承诺均无效；3.客户信息使用声明：本人所提供的全部个人资料，仅限于中国平安保险公司及其认为业务必要而委托的第三方为本人提供质量的客户服务及推荐产品之用。中国平安保险公司及必要第三方对本人的个人信息负有保密义务。

七、投保人签名：

刘伟	有效证件号码：110106196801038814

八、代办人／协办人填写：业务代码：______ 代办人电话：区号______ 电话______

签名：______ 证件类型：______ 证件号码：______

图 3-32　填写保险合同解除申请书

二、保险公司审核退保申请

中国平安保险公司保全业务部工作人员详细审核保单和退保申请，做出批示后，合同正式解除，如图 3-33～图 3-35 所示。

图 3-33　进入保险公司保全业务部

序号	保险单号	投保单编号	投保人	申请时间	主险名称
1	P201511122101274	14000201500040	刘伟	2016/6/30	智富人生终身寿险

图 3-34　选择待处理的申请

图 3-35　合同解除完成

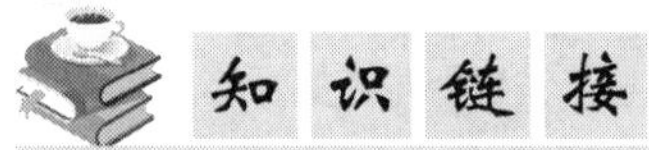

客户心理分析

客户有被赞赏、同情、尊重等各方面的情感需求，客户服务人员需要理解客户的这些情感。例如，客户可能会讲："你看我这么一大把年纪了，跑到你这儿来得倒三趟车。"这种情况下，如果能把这件事情在电话里边帮客户解决就好了。如果客户说："你看，这么热的天，到你们这儿来，我骑车骑了半个小时，浑身都湿透了。"这种情况下，如果能跟客户说："今天天气是很热，我给您倒一杯水吧。"那么客户听了就会感到很舒服。

上述这些情况就叫作情感需求。满足客户这种需求的难度是相当大的，要做好这方面的准备工作也是相当不容易的，需要客户服务人员有敏锐的洞察力，能够观察到客户的这些需求并加以满足。

单元二　财产保险客户服务

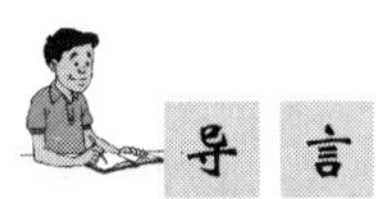

导　言

财产保险是指投保人根据合同约定，向保险人交付保险费，保险人按保险合同的约定对承保的财产及其有关利益因自然灾害或意外事故造成的损失承担赔偿责任的保险。

下面以车险和家庭财产保险为例，带领大家一起来熟悉财产保险客户服务的工作内容和工作过程。学习如何根据客户的具体要求，独立完成新单服务岗、保全服务岗、理赔岗、单证管理岗、收付费岗、投诉咨询回访督察岗的相应工作。

单元目标

通过本单元的学习，你应当能够：熟悉财产保险客户服务的工作内容和工作过程；根据客户的具体要求，独立完成新单服务岗、保全服务岗、理赔岗、单证管理岗、收付费岗、投诉咨询回访督察岗的相应工作。

项目四　车险客户服务

项目描述

客户基本信息如下：

- 姓名：陈卫国
- 性别：男
- 学历：专科
- 驾龄：5 年
- 生日：1980 - 11 - 28
- 身份证号码：110101198011280550
- 联系方式：15188665300
- 邮编：100000
- 邮箱：chen@126.com
- 住址：北京市东城区灯市口
- 开户行及账号：平安银行 6210128932189876109

● 车辆情况：陈卫国于 2014 年购入营业用（不涉农）红色国产货车一辆，厂牌型号 DFL12312，号牌京 A B9662，注册登记日期 2014 - 03 - 27，发动机号东风 dci340 -30，车架号 4JGBB56E39A51822，新车购置价 35 万元，核定载重 19 900 千克，排气量 8.9 升，准牵引总质量 40 000 千克，整备质量 18 000 千克，驾驶室共乘 2 人，车辆类型为 10 吨以上，功率 250 千瓦。

请以保险客户服务部门人员的角色，完成新单服务岗、保全服务岗、理赔岗、单证管理岗、收付费岗的相应工作。

项目目标

通过本项目的学习，你应当能够：

（1）熟悉新单服务岗的工作内容和工作过程，能够为车险客户提供业务员交单，接单初审，新单受理，投保资料录入、交接、归档，核保等服务。

（2）熟悉保全服务岗的工作内容和工作过程，能够为车险客户提供客户资料变更等服务。

（3）熟悉理赔岗的工作内容和工作过程，能够为车险客户提供结案受理、调查取证、复核审批、理赔处理等服务。

（4）熟悉收付费岗的工作内容和工作过程，熟悉客户接待礼仪，能够按礼仪标准为客户提供规范的服务。

任务一 提供车险投保服务（委托投保）

任务描述

2016 年 1 月 31 日，客户陈卫国向经纪公司——北京保险资产代理公司针对中国平安保险公司的车险产品进行咨询，之后客户陈卫国决定委托该公司投保。

投保书信息如下：

- 交强险：保险费 4 000 元
- 主险：机动车辆损失险，保险金额 300 000 元；第三者责任险，保险金额 300 000元；盗抢险，保险金额 350 000 元
- 附加险：车身划痕损失险，保险金额 5 000 元；玻璃单独破碎险（国产玻璃），保险金额 10 000 元
- 保险期间：2016－2－1 至 2017－1－31
- 不代交车船税

请按照新单服务岗和收付费岗的工作内容和工作过程，为其办理投保书审核、录单和缴费。

任务目标

（1）熟悉新单服务岗的工作内容和工作过程，能够为车险个人客户提供业务员

交单，接单初审，新单受理，投保资料录入、交接、归档，核保等服务。

（2）熟悉收付费岗的工作内容和工作过程，能够为车险个人客户提供保险费、保险金等的收付服务。

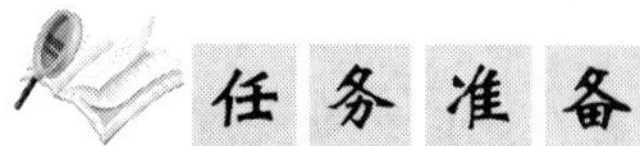

任务准备

委托投保是客户委托保险经纪公司向保险公司购买保险产品的投保方式。车险委托投保流程如图 4－1 所示。

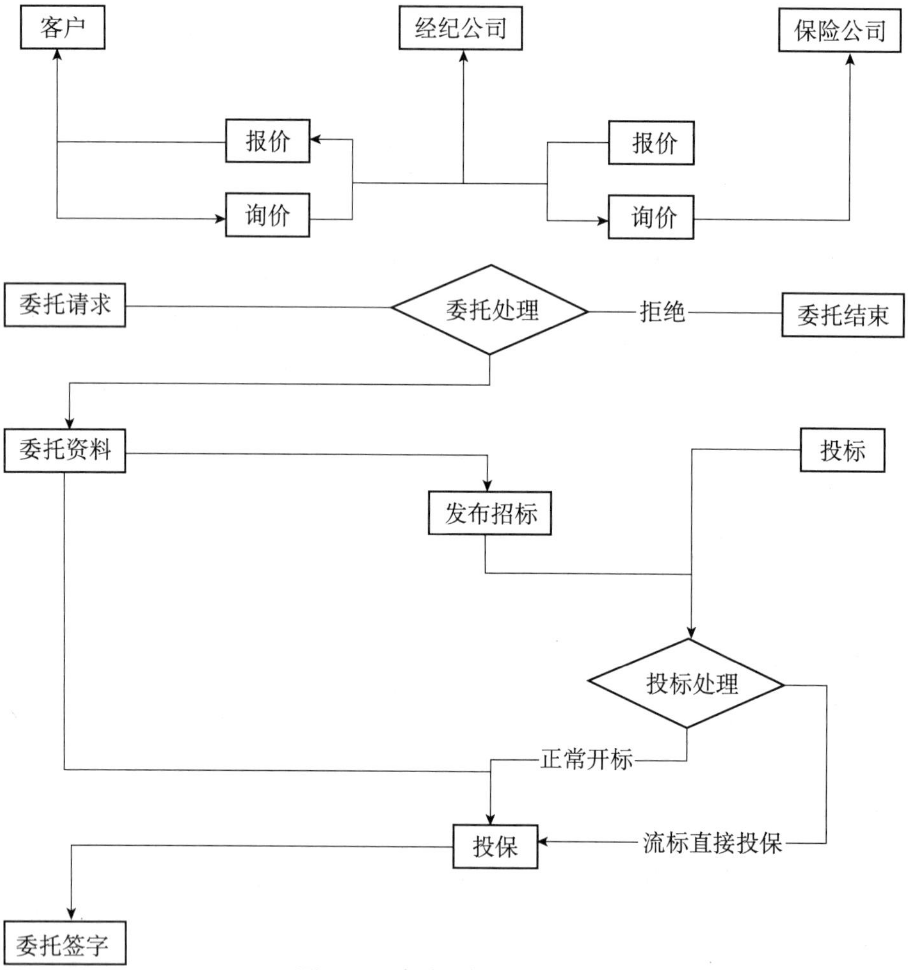

客户
经纪公司
保险公司
报价
询价
报价
询价
委托请求
委托处理
拒绝
委托结束
委托资料
投标
发布招标
投标处理
正常开标
投保
流标直接投保
委托签字

图 4－1　车险委托投保流程图

注：保险公司投保处理与客户直接投保流程相同。

任务实施

一、客户向经纪公司提出委托

客户陈卫国委托经纪公司——北京保险资产代理公司投保中国平安保险公司车险产品，如图4-2和图4-3所示。

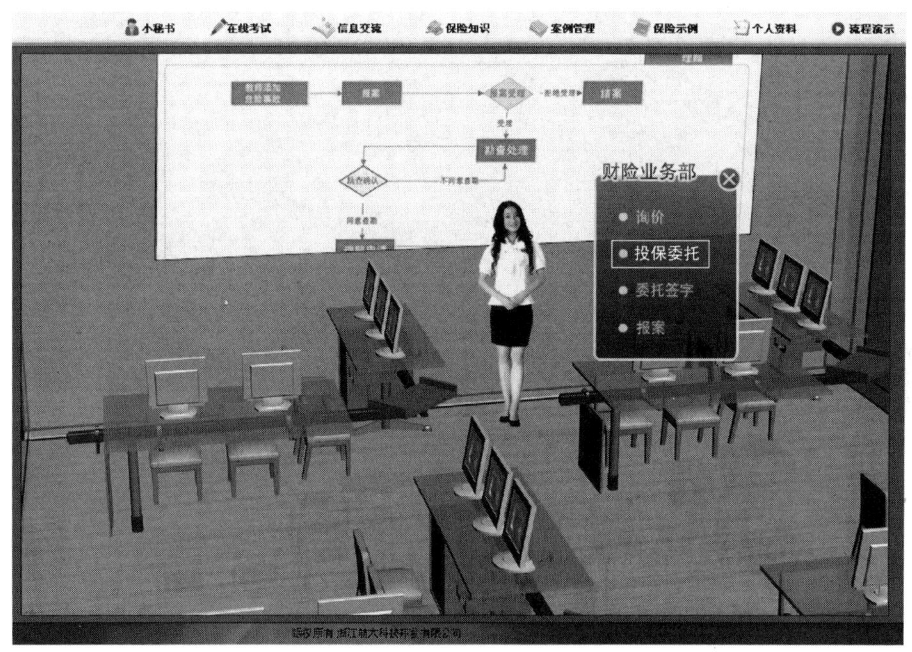

图4-2　进入经纪公司财险业务部，选择投保委托

委托类型：个人

委托的经纪公司：北京保险资产代理公司

委托详情：陈卫国委托北京保险资产代理公司购买中国平安保险公司交强险、机动车辆损失险、第三者责任险、盗抢险、车身划痕损失险、玻璃单独破碎险，不计免赔险、不代交车船税

指定财产保险公司：中国平安保险公司

经纪公司受理状态：未处理

委托人资料：

姓　名：陈卫国

出生年月：1980-11-28

邮政编码：100000

联系电话：15188665300

图4-3　委托申请

二、经纪公司处理客户委托申请

北京保险资产代理公司收到客户陈卫国委托投保中国平安保险公司车险产品的申请后，同意受理，如图 4－4～图 4－6 所示。

图 4－4　经纪公司进入财险业务部，选择委托管理

序号	经纪公司	委托日期	委托详情	处理状态
1	北京保险资产代理公司	2016/1/31	陈卫国委托……	未处理

图 4－5　受理委托

委托类型：	个人
委托的经纪公司：	北京保险资产代理公司
委托详情：	陈卫国委托北京保险资产代理公司购买中国平安保险公司交强险、机动车辆损失险、第三者责任险、盗抢险、车身划痕损失险、玻璃单独破碎险，不计免赔险、不代交车船税
指定财产保险公司：	中国平安保险公司
经纪公司受理状态：	已受理
委托人资料：	
姓　名：	陈卫国
出生年月：	1980-11-28

图 4－6　处理委托受理

三、客户填写委托资料

经纪公司受理陈卫国的委托投保申请后，陈卫国还需向该经纪公司提交投保车辆的详细资料，如图 4－7～图 4－10 所示。

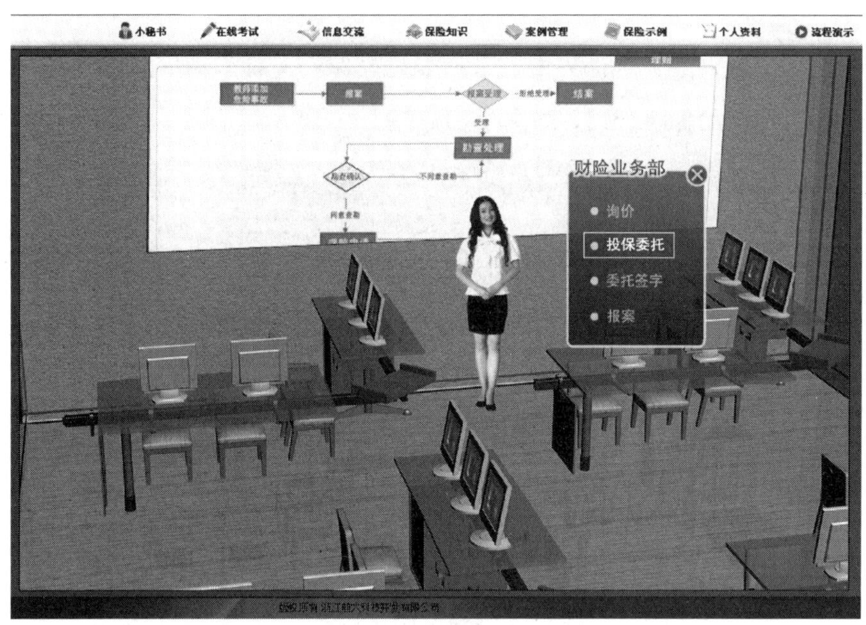

图 4－7 进入投保委托页面

序号	经纪公司	投保单号	委托日期	经纪公司状态	委托资料
1	北京保险资产代理公司	无	2016/1/31	已受理	未填写

图 4－8 查看投保申请

号牌号码：	京A B9662	厂牌型号：	DFL12312
使用性质：	营业货车	住址：	北京市东城区灯市口
发动机号：	东风dci340-30	注册登记日期：	2014-03-27
车架号：	4JGBB56E39A51822	车辆种类：	国产
核定载重量：	19 900 千克	准牵引总质量：	40 000 千克
排气量：	8.9 升	整备质量：	18 000 千克
核定载客：	2 人	驾驶室共乘：	2 人
车辆属性：	特种车	车辆类型：	特种车型一
功率：	250 千瓦	座位：	2
吨位：	10 吨	车龄：	2-5年（含）
车身颜色：	红色	号码种类：	大型汽车号牌
新车购置价：	35 万元	是否涉农：	不涉农

图 4－9 填写车险委托资料

序号	经纪公司	投保单号	委托日期	经纪公司状态	委托资料
1	北京保险资产代理公司	无	2016/1/31	已受理	已提交

图 4-10　提交委托资料

四、经纪公司委托投保

经纪公司进入财险服务部界面，选择委托投保，查看车辆信息，代客户陈卫国填写投保单并递交给保险公司，如图 4-11～图 4-13 所示。

图 4-11　委托投保准备

序号	投保单号	委托日期	委托处理状态
1	无	2016/1/31	已受理

图 4-12　查看车辆信息

中国平安保险公司

PA

机动车保险／机动车交通事故责任强制保险投保单　NO： 16151112034759818

欢迎您选择中国平安保险公司投保！您在填写本投保单前，请仔细阅读《机动车交通事故责任强制保险条款》及我公司的机动车保险条款。阅读条款时请您特别注意保险条款中的保险责任、责任免除、投保人和被保险人义务等内容，并听取保险人就条款（包括责任免除条款）所作的说明。您在充分理解条款后，为保障您的合法权益，需如实、完整、准确地填写本投保单各项内容(在需要选择的项目前的"□"内打"√"确定)，并签字确认。您所填写的内容我公司将为您保密。投保事项如有变动，请及时到我公司办理变更手续。谢谢您的合作！

投保人	陈卫国		与机动车关系	☑所有 □管理
被保险人	陈卫国		与机动车关系	☑所有 □管理
证件类型	☑居民身份证 □护照 □军人证 □组织机构代码证 □其他		证件号码	110101198011280550
住址	北京市东城区灯市口	邮政编码 100000	联系电话	15188665300
是否涉农	☑不涉农 □政策性涉农 □商业性涉农			

图 4-13　填写投保单

投保其他情况	上年有责任交通事故： 次			上年道路交通安全违法行为：轻微： 次，严重： 次			
	上年商业险承保公司：☑本公司 ☐其他公司			上年商业车险赔款次数： 次，赔款金额 0 元			
	驾驶人	指定驾驶人	姓名	性别	年龄	驾龄	驾驶证号码
		驾驶人1	陈卫国	☑男 ☐女	36	5	110101198011280550
		驾驶人2		☐男 ☐女			
		约定行驶区域：☑省内 ☐固定线路 ☐场内 平均年行驶里程：1000 车身颜色：☑红 ☐橙 ☐黄 ☐银灰 ☐其他					

☑机动车交通事故责任强制保险投保内容

死亡伤残赔偿限额110 000元	医疗费用赔偿限额10 000元	财产损失赔偿限额2 000元
无责任死亡伤残赔偿限额11 000元	无责任医疗费用赔偿限额1 000元	无责任财产损失赔偿限额100元

保险期间：2016-02-01 起至 2017-01-31 止，共 12 个月

交强险保险费(人民币大写)：肆仟肆佰捌拾元整（￥ 元）其中：救助基金（0 %）￥ 0 元

代收车船税	是否投保时缴纳车船税？☐是 ☐否	如否请选择：☐免税车辆 ☐税款已交（完税） ☐其他	减税比例 %	上次缴税时间 年
	当年应缴：￥ 元 往年补缴：￥ 元 滞纳金：￥ 元 合计：￥ 元			
	完税凭证号(减免税证明号)： 开具税务机关： 纳税人识别号：			

☑机动车商业保险投保内容

投保主险条款	机动车第三者责任保险条款，家庭自用汽车损失保险条款，非营业用汽车损失保险条款，营业用汽车损失保险条款，特种车保险条款，摩托车、拖拉机保险条款，机动车车上人员责任保险条款，机动车盗抢保险条款

主险		保险险别	保险金额/赔偿金额（元）	不计免赔特约条款	保险费（元）
	☑	机动车辆损失险	300 000	◉是 ○否	
	☑	第三者责任险	300 000	◉是 ○否	
	☑	盗抢险	350 000	◉是 ○否	

	保险险别	保险金额/赔偿金额（元）	不计免赔特约条款	保险费（元）
☑	玻璃单独破碎险（国产玻璃）	10 000	◉是 ○否	
☑	车身划痕损失险	5 000	◉是 ○否	

保险期间：自 2016-02-01 零时起至 2017-01-31 二十四时止，共 12 个月

保险费合计(人民币大写)：贰万壹仟伍佰壹拾陆元整(￥（小写） 元）

特别约定　新增设备项目：

无

保险合同争议解决方式：本地仲裁　交强险已在其他公司承保：　保单号码

投保人声明：上述各项内容填写属实。本人已详细阅读了所投保险种相应的保险条款及特别约定内容，保险人已就保险条款中有关责任免除和投保人、被保险人义务条款以及特别约定内容向本人作了明确说明。本人同意订立本保险合同。

投保人签章：

图 4-13（续图）

五、客户委托签字

经纪公司可以代客户填写投保单，但客户签字项目需由客户本人完成才具有法律效力。提醒客户陈卫国签字前应仔细查看经纪公司代其填写的投保单信息是否有

误，并履行如实告知义务，如图 4－14～图 4－16 所示。

图 4－14　进入委托签字页面

序号	经纪公司	委托日期	委托详情	处理状态	是否签字
1	北京保险资产代理公司	2016/1/31	陈卫国委托投保车险	已投保	未签字

图 4－15　查看投保单

中国平安保险公司

PA

机动车保险／机动车交通事故责任强制保险投保单　NO： 16151112034759818

欢迎您选择中国平安保险公司投保！您在填写本投保单前，请仔细阅读《机动车交通事故责任强制保险条款》及我公司的机动车保险条款。阅读条款时请您特别注意保险条款中的保险责任、责任免除、投保人和被保险人义务等内容，并听取保险人就条款（包括责任免除条款）所作的说明。您在充分理解条款后，为保障您的合法权益，需如实、完整、准确地填写本投保单各项内容(在需要选择的项目前的"□"内打"√"确定)，并签字确认。您所填写的内容我公司将为您保密。投保事项如有变动，请及时到我公司办理变更手续。谢谢您的合作！

投保人	陈卫国		与机动车关系	☑所有 □管理
被保险人	陈卫国		与机动车关系	☑所有 □管理
证件类型	☑居民身份证 □护照 □军人证 □组织机构代码证 □其他		证件号码	110101198011280550
住址	北京市东城区灯市口	邮政编码 100000	联系电话	15188665300
是否涉农	☑不涉农 □政策性涉农 □商业性涉农			

图 4－16　客户签字

投保其他情况						
	上年有责任交通事故： 次			上年道路交通安全违法行为：轻微： 次，严重： 次		
	上年商业险承保公司：☑本公司 ☐其他公司			上年商业车险赔款次数： 次，赔款金额 0 元		
驾驶人	指定驾驶人	姓名	性别	年龄	驾龄	驾驶证号码
	驾驶人1	陈卫国	☑男 ☐女	36	5	110101198011280550
	驾驶人2		☐男 ☐女			
	约定行驶区域：☑省内 ☐固定线路 ☐场内 平均年行驶里程：1 000 车身颜色：☑红 ☐橙 ☐黄 ☐银灰 ☐其他					

☑机动车交通事故责任强制保险投保内容

死亡伤残赔偿限额110 000元	医疗费用赔偿限额10 000元	财产损失赔偿限额2 000元
无责任死亡伤残赔偿限额11 000元	无责任医疗费用赔偿限额1 000元	无责任财产损失赔偿限额100元

保险期间：2016-02-01 起至 2017-01-31 止，共 12 个月

交强险保险费（人民币大写）：肆仟肆佰捌拾元整（￥ 元）其中：救助基金（0 %）￥ 0 元

代收车船税			
是否投保时缴纳车船税？☐是 ☐否	如否请选择：☐免税车辆 ☐税款已交（完税）☐其他	减税比例 %	上次缴税时间 年
当年应缴：￥ 元 往年补缴：￥ 元 滞纳金：￥ 元 合计：￥ 元			
完税凭证号(减免税证明号)： 开具税务机关： 纳税人识别号：			

☑机动车商业保险投保内容

投保主险条款	机动车第三者责任保险条款，家庭自用汽车损失保险条款，非营业用汽车损失保险条款，营业用汽车损失保险条款，特种车保险条款，摩托车、拖拉机保险条款，机动车车上人员责任保险条款，机动车盗抢保险条款

主险		保险险别	保险金额/赔偿金额（元）	不计免赔特约条款	保险费（元）
	☑	机动车辆损失险	300 000	◉是 ○否	
	☑	第三者责任险	300 000	◉是 ○否	
	☑	盗抢险	350 000	◉是 ○否	

	保险险别	保险金额/赔偿金额（元）	不计免赔特约条款	保险费（元）
☑	玻璃单独破碎险（国产玻璃）	10 000	◉是 ○否	
☑	车身划痕损失险	5 000	◉是 ○否	

保险期间：自 2016-01-01 零时起至 2017-01-31 二十四时止，共 12 个月

保险费合计(人民币大写)：贰万壹仟伍佰壹拾陆元整(￥（小写） 元）

特别约定

新增设备项目：

无

保险合同争议解决方式：本地仲裁 交强险已在其他公司承保： 保单号码

投保人声明：上述各项内容填写属实。本人已详细阅读了所投保险种相应的保险条款及特别约定内容，保险人已就保险条款中有关责任免除和投保人、被保险人义务条款以及特别约定内容向本人作了明确说明。本人同意订立本保险合同。

投保人签章：陈卫国

日期：2016/01/31

图 4-16（续图）

六、投保单录单

北京保险资产代理公司将客户陈卫国审核无误并签字的投保单递交给中国平安保险公司。保险公司的新单服务岗录单员进行单据录入，生成保费，如图4-17～图

4－19所示。

图4－17　进入录单管理页面

单据号	被保险人	投保时间	操作
16151112034759818	陈卫国	2016/1/31	录单

图4－18　查看投保单

中国平安保险公司

PA

机动车保险／机动车交通事故责任强制保险投保单　NO： 16151112034759818

欢迎您选择中国平安保险公司投保！您在填写本投保单前，请仔细阅读《机动车交通事故责任强制保险条款》及我公司的机动车保险条款。阅读条款时请您特别注意保险条款中的保险责任、责任免除、投保人和被保险人义务等内容，并听取保险人就条款（包括责任免除条款）所作的说明。您在充分理解条款后，为保障您的合法权益，需如实、完整、准确地填写本投保单各项内容(在需要选择的项目前的“□”内打“√”确定)，并签字确认。您所填写的内容我公司将为您保密。投保事项如有变动，请及时到我公司办理变更手续。谢谢您的合作！

投保人	陈卫国			与机动车关系	☑所有 □管理
被保险人	陈卫国			与机动车关系	☑所有 □管理
证件类型	☑居民身份证 □护照 □军人证 □组织机构代码证 □其他			证件号码	110101198011280550
住址	北京市东城区灯市口	邮政编码	100000	联系电话	15188665300
是否涉农	☑不涉农 □政策性涉农 □商业性涉农				

图4－19　录单

投保车辆情况

号牌号码	京A B9662	车辆类型	10吨以上	所有人	陈卫国
厂牌型号	DFL12312	使用性质	营业货车	住址	北京市东城区灯市口
发动机号码	东风dci340-30	注册登记日期	2014-03-27		
车辆识别代码/车架	4JGBB56E39A51822			车辆种类	☑国产 ☐进口

核定载重量	19 900 千克	准牵引总质量	40 000 千克	排气量	8.9 升	整备质量	18 000 千克
核定载客	2 人	驾驶室共乘	2 人	功率	250 千瓦		

车辆属性	
车辆大类	营业货车
车辆明细分类	10吨以上

投保其他情况

上年有责任交通事故：　次　上年道路交通安全违法行为：轻微：　次，严重：　次

上年商业险承保公司：☑本公司 ☐其他公司　上年商业车险赔款次数：　次，赔款金额 0 元

驾驶人	指定驾驶人	姓名	性别	年龄	驾龄	驾驶证号码
	驾驶人1	陈卫国	☑男 ☐女	36	5	110101198011280550
	驾驶人2		☐男 ☐女			

约定行驶区域：☑省内 ☐固定线路 ☐场内　平均年行驶里程：1 000　车身颜色：☑红 ☐橙 ☐黄 ☐银灰 ☐其他

☑机动车交通事故责任强制保险投保内容

死亡伤残赔偿限额110 000元	医疗费用赔偿限额10 000元	财产损失赔偿限额2 000元
无责任死亡伤残赔偿限额11 000元	无责任医疗费用赔偿限额1 000元	无责任财产损失赔偿限额100元

保险期间 2016-02-01 起至 2017-01-31 止，共 12 个月

交强险保险费(人民币大写)：肆仟肆佰捌拾元整（¥ 4 480.00 元）其中：救助基金（0 %）¥ 0 元

代收车船税

是否投保时缴纳车船税？☐是 ☐否　如否请选择：☐免税车辆 ☐税款已交（完税） ☐其他　减税比例　%　上次缴税时间　年

当年应缴：¥　元　往年补缴：¥　元　滞纳金：¥　元　合计：¥　元

完税凭证号(减免税证明号)：　开具税务机关：　纳税人识别号：

☑机动车商业保险投保内容

投保主险条款：机动车第三者责任保险条款，家庭自用汽车损失保险条款，非营业用汽车损失保险条款，营业用汽车损失保险条款，特种车保险条款，摩托车、拖拉机保险条款，机动车车上人员责任保险条款，机动车盗抢保险条款

主险		保险险别	保险金额/赔偿金额（元）	不计免赔特约条款	保险费（元）
	☑	机动车辆损失险	300 000	◉是 ○否	9 951.00
	☑	第三者责任险	300 000	◉是 ○否	9 297.00
	☑	盗抢险	350 000	◉是 ○否	1 670.00

图 4-19（续图）

附加险		保险险别	保险金额/赔偿金额（元）	不计免赔特约条款	保险费（元）
	☑	玻璃单独破碎险（国产玻璃）	10 000	◉是 ○否	13.0
	☑	车身划痕损失险	5 000	◉是 ○否	585.00

保险期间：自 2016-02-01 零时起至 2017-01-31 二十四时止，共 12 个月

保险费合计（人民币大写）：贰万壹仟伍佰壹拾陆元整（¥（小写） 21 516.00 元）

特别约定：新增设备项目：

无

保险合同争议解决方式：本地仲裁　交强险已在其他公司承保：　保单号码

投保人声明：上述各项内容填写属实。本人已详细阅读了所投保险种相应的保险条款及特别约定内容，保险人已就保险条款中有关责任免除和投保人、被保险人义务条款以及特别约定内容向本人作了明确说明。本人同意订立本保险合同。

投保人签单：陈卫国　时间

保险公司填写

费率调整系数使用情况

	项目	内容	系数
☐	安全驾驶	上一年无交通违法记录	
☐	多险种同时投保	同时投保车损险、三者险	
☐	客户忠诚度	首年投保	
☐	平均年行驶里程	3万千米以下	
☐	元赔款优待及上年赔款记录	连续3年没发生	
累计费率调整系数		1	

投保审核情况

投保信息检验情况：☑ 已验证（附相关资料复印件）☑ 已验车（附照片）☑ 已验单票据（附相关资料复印件）

业务来源确认：☐ 直接业务 ☐ 个人代理 ☑ 专业代理 ☐ 兼业代理 ☐ 经纪人 ☐ 网上/电话业务 ☐ 其他

代理（经纪人）：北京保险资　日期：2016-01-31　业务员：何欣　日期：2016-01-31

经(副)理：　核保员：　初核人：　出单员：李四

图 4-19（续图）

七、投保单核保

中国平安保险公司核保部审核投保单和相关材料，填写核保说明及是否给予通过，如图 4-20、图 4-21 所示。交强险保单和商业险保单分别核保、通过，如图 4-22、图 4-23 所示。

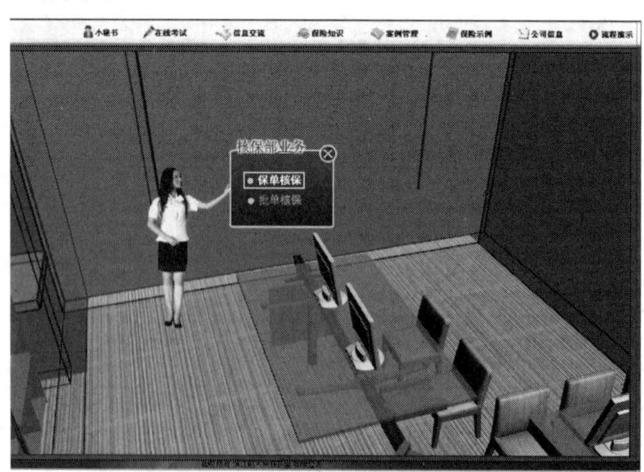

图 4-20　进入保单核保页面

单据号	投保单号	被保险人	核保级别	投保单状态
16151112034759818	01001511120000403062	陈卫国	一级核保	待核保
16151112034759818	01001511120100403062	陈卫国	一级核保	待核保

图 4－21 查看待核保保单

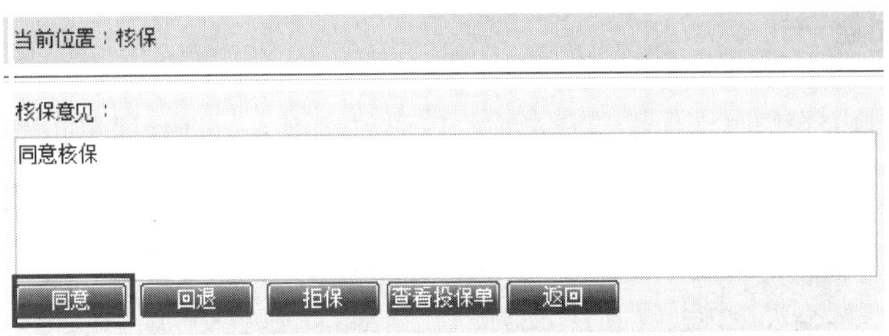

图 4－22 填写核保意见

单据号	投保单号	被保险人	核保级别	投保单状态	操作
16151112034759818	01001511120000403062	陈卫国	一级核保	待缴费	已核保
16151112034759818	01001511120100403062	陈卫国	一级核保	待缴费	已核保

图 4－23 核保完成

八、投保单缴费

投保人陈卫国进入个人中心，进行个单缴费，如图 4－24～图 4－26 所示。

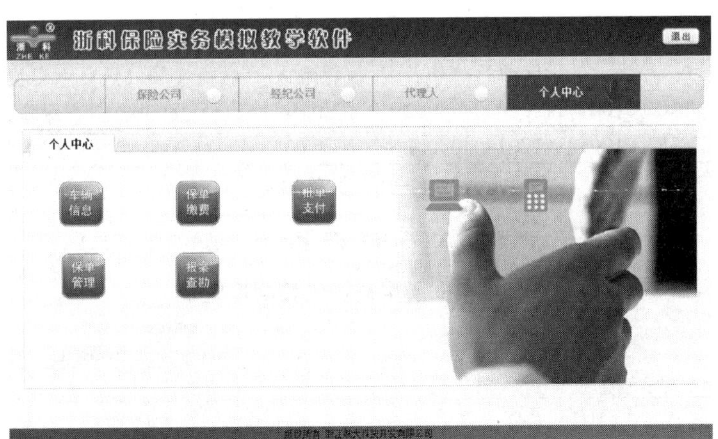

图 4－24 缴费准备

序号	保险公司	投保单号	缴费金额（元）	缴费状态
1	中国平安保险公司	01001511120000403062	4 480.00	未缴费
2	中国平安保险公司	01001511120100403062	21 516.00	未缴费

图 4－25 查看待缴费投保单

序号	保险公司	投保单号	缴费金额（元）	缴费状态
1	中国平安保险公司	01001511120000403062	4 480.00	已缴费
2	中国平安保险公司	01001511120100403062	21 516.00	已缴费

图 4－26　缴费完成

九、扣费

进入保险公司财务部保单扣费页面，由收付费岗人员进行保单扣费，扣费后保单正式生效，如图 4－27～图 4－30 所示。

图 4－27　进入保单扣费页面

单据号	投保单号	被保险人	缴费金额（元）	投保单状态
16151112034759818	01001511120000403062	陈卫国	4 480.00	保险公司确认缴费
16151112034759818	01001511120100403062	陈卫国	21 516.00	保险公司确认缴费

图 4－28　保单扣费

中国平安保险公司

PA

机动车交通事故责任强制保险单

浙：0558623

保险单号：0110151118000090658980

承保确认代码：01001511120000403062

被保险人		陈卫国				
被保险人身份证号码(组织机构代码)		110101198011280550				
地址		北京市东城区灯市口			联系电话	15188665300
被保险机动车	号牌号码	京A B9662	机动车种类	10吨以上	使用性质	营业货车
	发动机号码	东风dci340-30	识别代码(车架号)	4JGBB56E39A51822		
	厂牌型号	DFL12312	核定载客	2 人	核定载重量	19 900 千克
	排气量	8.9 升	功率	250 千瓦	登记日期	2014-03-27

图 4－29　交强险保单

<table>
<tr><td rowspan="3">责任限额</td><td>死亡伤残赔偿限额</td><td>110 000元</td><td>无责任死亡伤残赔偿限额</td><td>11 000元</td></tr>
<tr><td>医疗费用赔偿限额</td><td>10 000元</td><td>无责任医疗费用赔偿限额</td><td>1 000元</td></tr>
<tr><td>财产损失赔偿限额</td><td>2 000元</td><td>无责任财产损失赔偿限额</td><td>100元</td></tr>
<tr><td colspan="5">与道路交通安全违法行为和道路交通事故相联系的浮动比率 10.00 %</td></tr>
<tr><td colspan="5">保险费合计(人民币大写)：肆仟肆佰捌拾元整 (￥：4 480.00 元) 其中救助基金(0 %)￥：0元</td></tr>
<tr><td colspan="5">保险期间自 2016 年 2 月 1 日 零时起至 2017 年 1 月 31 日 二十四时止</td></tr>
<tr><td colspan="5">保险合同争议解决方式：提交本地仲裁委员会仲裁</td></tr>
<tr><td rowspan="4">代收车船税</td><td>整备质量</td><td>千克</td><td>纳税人识别号</td><td></td></tr>
<tr><td>当年应缴</td><td>￥：0元</td><td>往年补缴 ￥：0元</td><td>滞纳金 ￥：0元</td></tr>
<tr><td colspan="4">合计(人民币大写：)零元整(￥：0元)</td></tr>
<tr><td colspan="4">完税凭证号(减免税证明号)：　开具税务机关：</td></tr>
<tr><td>特别约定</td><td colspan="4">无</td></tr>
<tr><td>重要提示</td><td colspan="4">1. 请详细阅读保险条款，特别是责任免除和投保人、被保险人义务。
2. 收到本保险单后，请立即核对，如有不符或疏漏，请及时通知保险人并办理变更或补充手续。
3. 保险费应一次性交清，请您及时核对保险单和发票(收据)，如有不符，请及时与保险人联系。
4. 投保人应如实告知对保险费计算有影响的或被保险机动车因改装、加装、改变使用性质等导致危险程度增加的重要事项，并及时通知保险人办理批改手续。
5. 被保险人应当在交通事故发生后及时通知保险人。</td></tr>
<tr><td>保险人</td><td colspan="4">公司名称：中国平安保险公司
公司地址：P
邮政编码：111111 服务电话：11111111111 签单日期： 2016 年 1 月 31 日</td></tr>
</table>

核保： 李四　　制单： 李四　　经办： 李四

图 4-29（续图）

中国平安保险公司

PA

机动车辆保险单(正本)

保险单号：01101511180100909104 33

鉴于投保人已向本保险人递交投保申请，并同意按约定交纳保险费，本保险人依照本保险单、承保险别及其对应条款和特别约定，承担相应的经济赔偿责任。

<table>
<tr><td>被保险人</td><td colspan="3">陈卫国</td><td>行驶证车主</td><td></td></tr>
<tr><td>号牌号码</td><td>京A B9662</td><td>厂牌型号</td><td>DFL12312</td><td>发动机号</td><td>东风dci340-30</td></tr>
<tr><td>初次登记年月</td><td>2014-03-27</td><td>已使用年限</td><td>2年</td><td>车架号</td><td>4JGBB56E39A51822</td></tr>
<tr><td>座位/吨位</td><td>2座/10吨</td><td>新车购置价</td><td>35 万元</td><td>使用性质</td><td>营业货车</td></tr>
<tr><td>识别代码</td><td>4JGBB56E39A51822</td><td>车辆种类</td><td>10吨以上</td><td>行驶区域</td><td>省内</td></tr>
<tr><td colspan="2">承保险种</td><td colspan="2">保险金额/赔偿限额(元)</td><td>费率调整</td><td>保险费(元)</td></tr>
<tr><td colspan="2">机动车辆损失险</td><td colspan="2">300 000</td><td>0.00</td><td>9 951.00</td></tr>
</table>

图 4-30　机动车辆保险单（正本）

第三者责任险	300 000	0.00	9 297.00
盗抢险	350 000	0.00	1 670.00
玻璃单独破碎险（国产玻璃）	10 000	0.00	13.00
车身划痕损失险	5 000	0.00	585.00
保险费合计：贰万壹仟伍佰壹拾陆元整			
保险期间：自2016年02月01日零时起至2017年01月31日24时止			
特别约定	无		
明示告示：1.本保险合同由投保单、保险单、批单、特别约定及保险条款组成。 2.收到本保险单后请即核对,填写内容如与投保单事实不符,立即通知本保险人采用机动车辆保险批单更改,其他方式的更改无效。 3.详细阅读本保险单所附保险条款，特别是有关责任免除和投保人、被保险人义务的部分。 4.保险车辆转卖、转让、赠送他人、变更用途等，应书面通知本保险人并办理批改手续。 5.发生保险事故后，在4 8小时内通知本保险人。			

被保险人地址：	北京市东城区灯市口			保险人：	中国平安保险公司		
联系人：	陈卫国			地址：	P		
联系电话	15188665300	邮政编码	100000	联系电话	11111111111	邮政编码	111111
投保人签章	陈卫国			签单日期	2016-1-31 16:17:39	（保险人签章）	中国平安保险公司
核保：李四			制单：李四			经办：李四	

图 4-30（续图）

十、支付经纪费

客户陈卫国投保顺利完成后，中国平安保险公司按约定向北京保险资产代理公司支付经纪费，经纪费比例为交强险保险费的 5%和机动车辆损失险的 10%，如图 4-31 和图 4-32 所示。

中国平安保险公司

PA

应付经纪费回执

BROKERAGE CREDIT NOTE

日期：	2016年1月31日		
致：	北京保险资产代理公司		
被保险人：	陈卫国		
产品名称：	交强险		
保险期限：	2016-02-01至2017-01-31		
保险单号：	0110151118000090658980		
保险费：	4 480.00元		
经纪费：	224元	经纪费比例：	5%
备注：			

图 4-31　应付经纪费回执（1）

中国平安保险公司

PA

应付经纪费回执

BROKERAGE CREDIT NOTE

日期：	2016年1月31日		
致：	北京保险资产代理公司		
被保险人：	陈卫国		
产品名称：	机动车辆损失险等		
保险期限：	2016-02-01至 2017-01-31		
保险单号：	01101511180100909104 33		
保险费：	21 516.00元		
经纪费：	2 151.6元	经纪费比例：	10%
备注：			

图 4-32 应付经纪费回执（2）

十一、经纪公司确认经纪费用收入

北京保险资产代理公司确认收到中国平安保险公司经纪费，如图 4-33 和图 4-34 所示。

图 4-33 进入收付记录页面

序号	项目名称	类型	金额（元）	日期
1	经纪公司经纪费用收入	收入	224.00	2016/1/31
2	经纪公司经纪费用收入	收入	2 151.60	2016/1/31

图 4-34 确认经纪费用

知识链接

一、倾听的意义

倾听是解决问题的前提。在倾听客户投诉的时候，不但要听他表达的内容，还要注意他的语调与语音（语气），这有助于客服人员了解客户语言背后的内在情绪。同时，要通过解释与澄清，确保客服人员真正了解了客户的问题。例如，很多有经验的客服人员习惯在听了客户反映的情况后，根据自身的理解向客户复述一遍，以确保自己的理解准确无误。认真倾听客户，向客户复述他所表达的意思，并请教客户客服的理解是否正确，可以向客户显示客服对他的尊重及客服真诚地想了解问题的态度。同时，这也给了客户一个机会去重申他没有表达清楚的地方。在听的过程中，要认真做好记录（所要表达的意思一定不能理解有误），注意捕捉客户的投诉要点，以做到对客户需求的准确把握，为下一步对症调解打好基础。

二、倾听的基本技巧

（1）积极主动地处理问题。

（2）保持面带微笑。

（3）保持平静的心情和适合的语速、音调。

（4）认真听取客户投诉，不遗漏细节，确认问题所在。

（5）让客户先发泄情绪。

（6）不打断客户的陈述。

三、谈话的常用技巧

（1）即使对方看上去是在对你发脾气，也不要反唇相讥。

别人的情绪或反应很可能和你一样是由于畏惧或是受到挫败而造成的。在客户发脾气时，做一个深呼吸，然后默数到 10，让对方尽情发泄情绪，直至他愿意说出他真正想要的是什么。此时，你不必知道所有的答案，说“我不知道”也是一种回应方式。如果你想知道什么就向客户提出，然后说出你的想法，或者表达你愿意与对方一起找出问题的答案。

（2）提高你的倾听技巧。

很多人认为自己的倾听能力很好，但事实是大多数人根本就没听。为了提高沟通效果，应提倡“积极地倾听”，所谓积极地倾听是积极主动地倾听对方所讲的事情，掌握真正的事实，以解决问题，而不是被动地听对方述说。客户倾诉时要懂得自然地点点头，恰当地拍拍手。如果你想成为优秀的客服人员，一定要在倾听方面下功夫。

任务二　提供车险保单变更服务（保额变更）

2016 年 5 月 21 日，客户陈卫国要求销售人员张立帮其将第三者责任险的保额由 30 万元改为 50 万元。

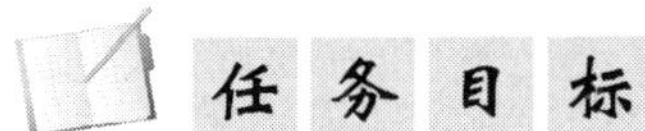

（1）熟悉保全服务岗的工作内容和工作过程，能够为车险客户提供客户资料变更等服务。

（2）熟悉客户接待礼仪，能够按礼仪标准为客户提供规范的服务。

（3）具备良好的服务意识和认真负责的工作态度。

保单变更流程如图 4－35 所示。

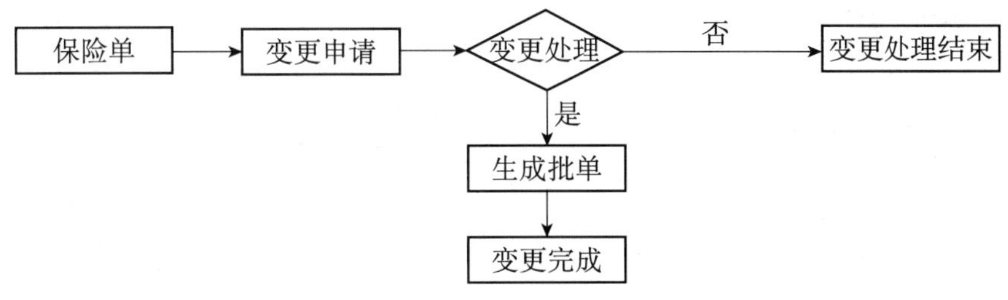

图 4－35　保单变更流程图

一、客户提出变更申请

2016 年 5 月 21 日，根据客户陈卫国的要求，保险销售人员张立协助其递交申请，将第三者责任险的保额由 30 万元改为 50 万元，如图 4－36～图 4－38 所示。

图 4－36　进入保险公司系统

图 4－37　进入保全业务部

中国平安保险公司

PA

保险事项变更申请书

投保人：	陈卫国
被保险人：	陈卫国
保险单号：	01101511180100909l0433
保险起讫日期：	2016-02-01至2017-01-31
申请变更原因：	变更第三者责任险保额

申请变更事项：

变更事项	变更前	变更后	删除
保额变更	第三者责任险保额30万	第三者责任险保额50万	删除

添加

投保人（被保险人）签章：

陈卫国

时间为2016年5月21日

保险公司意见：

图 4－38　填写保险事项变更申请书

二、保险公司处理变更申请

中国平安保险公司保全服务部人员查看陈卫国的变更申请，对申请事项进行审核，并在变更申请表上填写“同意变更”字样，生成变更批单后保单正式生效，如图 4－39～图 4－41 所示。

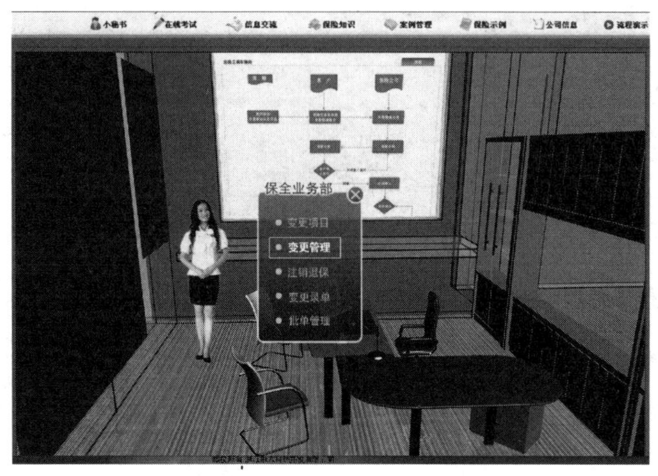

图 4－39　进入变更管理页面

序号	保险单号	批改申请单号	投保人	投保时间	操作
1	0110151118010090910433	15000094906	陈卫国	2016/1/31	处理申请单

图 4－40　查看保险变更申请

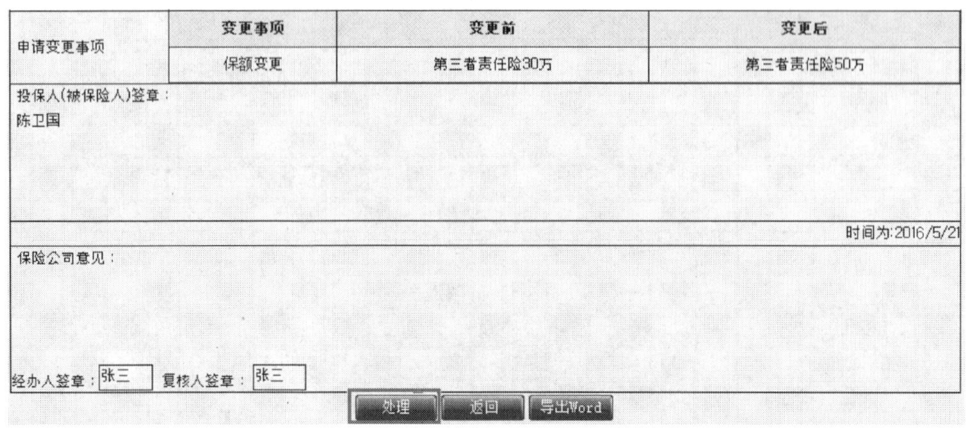

申请变更事项	变更事项	变更前	变更后
	保额变更	第三者责任险30万	第三者责任险50万

投保人(被保险人)签章：
陈卫国

时间为:2016/5/21

保险公司意见：

经办人签章：张三　复核人签章：张三

处理　返回　导出Word

图 4－41　处理保险变更申请

三、保险公司录单

保险公司保全服务部工作人员依据已处理的变更申请进行录单，如图 4－42～图 4－44 所示。

图 4－42　进入变更录单页面

批改申请单号	单据号	被保险人	投保时间	操作
15000094906	16151112034759818	陈卫国	2016/5/21	录单

图 4-43 查看申请单

中国平安保险公司

PA

机动车保险／机动车交通事故责任强制保险投保单 NO：16151112034759818

欢迎您选择中国平安保险公司投保！您在填写本投保单前，请仔细阅读《机动车交通事故责任强制保险条款》及我公司的机动车保险条款。阅读条款时请您特别注意保险条款中的保险责任、责任免除、投保人和被保险人义务等内容，并听取保险人就条款（包括责任免除条款）所作的说明。您在充分理解条款后，为保障您的合法权益，需如实、完整、准确地填写本投保单各项内容（在需要选择的项目前的"□"内打"√"确定），并签字确认。您所填写的内容我公司将为您保密。投保事项如有变动，请及时到我公司办理变更手续。谢谢您的合作！

投保人	陈卫国	与机动车关系	☑所有 □管理
被保险人	陈卫国	与机动车关系	☑所有 □管理
证件类型	☑居民身份证 □护照 □军人证 □组织机构代码证 □其他	证件号码	110101198011280550
住址	北京市东城区灯市口 邮政编码 100000	联系电话	15188665300
是否涉农	☑不涉农 □政策性涉农 □商业性涉农		

投保车辆情况

号牌号码	京A B9662	车辆类型	10吨以上	所有人	陈卫国
厂牌型号	DFL12312	使用性质	营业货车	住址	北京市东城区灯市口
发动机号码	东风dci340-30	注册登记日期	2014-03-27		
车辆识别代码／车架	4JGBB56E39A51822			车辆种类	☑国产 □进口
核定载重量	19 900 千克	准牵引总质量	40 000 千克	排气量	8.9 升
整备质量	18 000 千克				
核定载客	2 人	驾驶室共乘	2 人	功率	250 千瓦
车辆属性：车辆大类	营业货车				
车辆属性：车辆明细分类	10吨以上				

投保其他情况

上年有责任交通事故：0 次　上年道路交通安全违法行为：轻微：0 次，严重：0 次

上年商业险承保公司：☑本公司 □其他公司　上年商业车险赔款次数：0 次，赔款金额 0 元

驾驶人 指定驾驶人	姓名	性别	年龄	驾龄	驾驶证号码
驾驶人1	陈卫国	☑男 □女	36	5	110101198011280550
驾驶人2		□男 □女			

约定行驶区域：☑省内 □固定线路 □场内　平均年行驶里程 1 000　车身颜色：☑红 □橙 □黄 □银灰 □其他

☑机动车交通事故责任强制保险投保内容

死亡伤残赔偿限额110 000元	医疗费用赔偿限额10 000元	财产损失赔偿限额2 000元
无责任死亡伤残赔偿限额11 000元	无责任医疗费用赔偿限额1 000元	无责任财产损失赔偿限额100元

保险期间：2016-02-01 起至 2017-01-31 止，共 12 个月

交强险保险费（人民币大写）：肆仟肆佰捌拾元整（￥ 4 480.00 元）其中：救助基金（0 %）￥ 0 元

代收车船税

是否投保时缴纳车船税？□是 □否　如否请选择：□免税车辆 □税款已交（完税） □其他　减税比例 □%　上次缴税时间 □年

当年应缴：￥□ 元 往年补缴：￥□ 元 滞纳金：￥□ 元 合计：￥□ 元

完税凭证号（减免税证明号）：□ 开具税务机关：□ 纳税人识别号：□

图 4-44 录单

☑机动车商业保险投保内容					
投保主险条款	机动车第三者责任保险条款，家庭自用汽车损失保险条款，非营业用汽车损失保险条款，营业用汽车损失保险条款，特种车保险条款，摩托车、拖拉机保险条款，机动车车上人员责任保险条款，机动车盗抢保险条款				
主险		保险险别	保险金额/赔偿金额（元）	不计免赔特约条款	保险费（元）
	☑	机动车辆损失险	300 000	◉是 ○否	9 951.00
	☑	第三者责任险	500 000	◉是 ○否	15 192.00
	☑	盗抢险	350 000	◉是 ○否	1 670.00
附加险		保险险别	保险金额/赔偿金额（元）	不计免赔特约条款	保险费（元）
	☑	玻璃单独破碎险（国产玻璃）	10 000	◉是 ○否	13.00
	☑	车身划痕损失险	5 000	◉是 ○否	585.00

保险期间：自 2016-02-01 零时起至 2017-01-31 24时止，共 12 个月

保险费合计(人民币大写)：贰万柒仟肆佰壹拾壹元整(￥（小写） 27 411.00 元）

特别约定：新增设备项目：无。

保险合同争议解决方式：本地仲裁　交强险已在其他公司承保：　保单号码

投保人声时：上述各项内容填写属实。本人已详细阅读了所投保险种相应的保险条款及特别约定内容，保险人已就保险条款中有关责任免除和投保人、被保险人义务条款以及特别约定内容向本人作了明确说明。本人同意订立本保险合同。

投保人签章：陈卫国

保险公司填写：

费率调整系数使用情况		项目	内容	系数
	☐	安全驾驶	上一年无交通违法记录	
	☐	多险种同时投保	同时投保车损险、三者险	
	☐	客户忠诚度	首年投保	
	☐	平均年行驶里程	3万千米以下	
	☐	无赔款优待及上年赔款记录	连续3年没发生	
累计费率调整系数			1	

投保审核情况：

投保信息查验情况：☑已验证(附相关资料复印件) ☑已验车(附照片) ☑已验单票据(附相关资料复印件)

业务来源确认：☐直接业务 ☐个人代理 ☑专业代理 ☐兼业代理 ☐经纪人 ☐网上／电话业务 ☐其他

代理(经纪人)：北京保险资　日期：2016-01-31　业务员：何欣　日期：2016-01-31

经(副)理：　核保员：　初核人：　出单员：李四

图 4-44（续图）

四、批单核保

保险公司核保部人员针对变更的批单进行核保，如图 4-45～图 4-48 所示。

图 4-45　进入批单核保页面

批改申请单号	保险单号	被保险人	核保级别	批单状态	操作
15000094906	011015111801009091O433	陈卫国	一级核保	待核保	核保

图 4-46　查看待核保批单

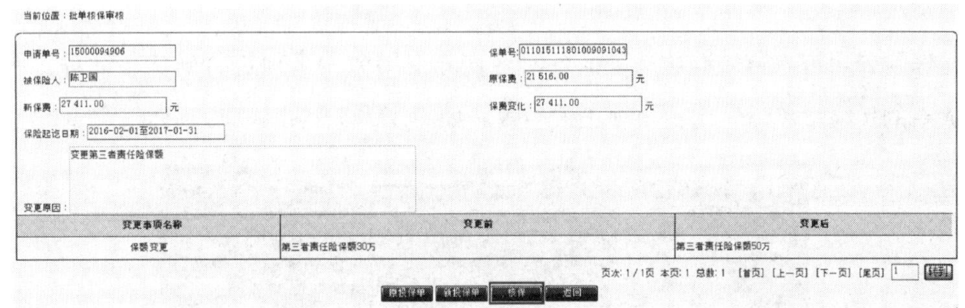

图 4-47　批单核保

当前位置：批单核保

同意核保

核保意见：

同意　回退　拒保　返回

图 4-48　批单核保完成

五、客户补缴费

变更并核保后，客户陈卫国进行批单支付，如图 4－49 和图 4－50 所示。

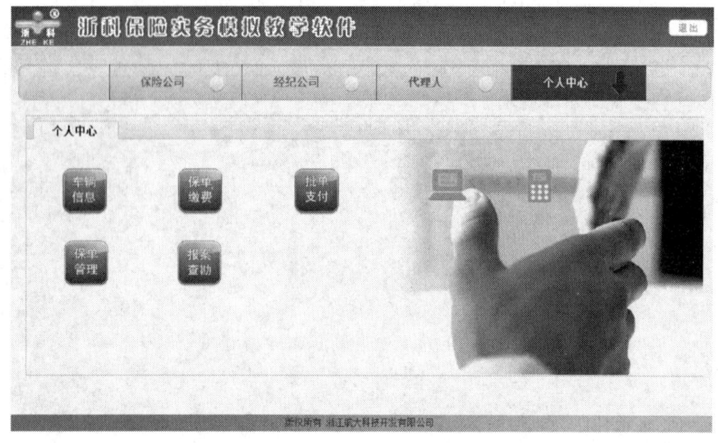

图 4－49　进入批单支付页面

序号	批改申请单号	保险单号	缴费金额（元）	缴费状态
1	15000094906	0110151118010090910433	5 895.00	客户已缴费

图 4－50　缴费

六、保险公司确定批单支付并生成批单

保险公司进入财务部业务界面，对客户陈卫国缴费事项进行确认，针对变更项生成新的保险批单后，变更事项正式生效，如图 4－51～图 4－53 所示。

图 4－51　进入批单支付界面

序号	批改申请单号	保险单号	被保险人	缴费金额（元）	批单状态	操作
1	15000094906	0110151118010090910433	陈卫国	5 895.00	客户已缴费	确认缴费

图 4-52 确认缴费

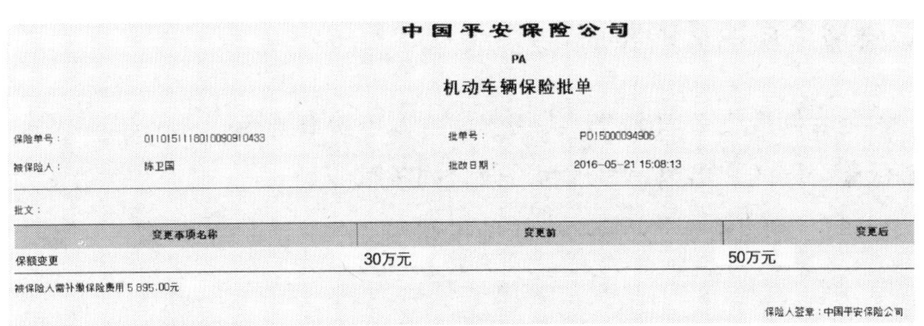

中国平安保险公司

PA

机动车辆保险批单

保险单号： 0110151118010090910433　　批单号： PD15000094906

被保险人： 陈卫国　　批改日期： 2016-05-21 15:08:13

批文：

变更事项名称	变更前	变更后
保额变更	30万元	50万元

被保险人需补缴保险费用 5 895.00元

保险人签章：中国平安保险公司

图 4-53 生成新批单

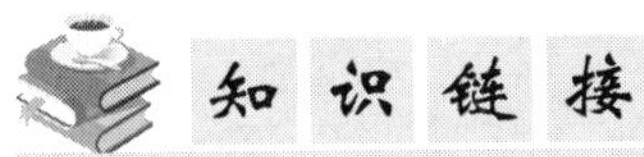

一、保单变更申请人资格的判定

保险合同很多是长期合同，例如寿险合同保险期限通常为 10 年、20 年，甚至可到终身。在漫长的人生岁月里，投保人很可能因各种原因希望将购买的寿险保单做某些变更。例如，因结婚、生子，想增加保险金额，或因保费负担较重，想减少保险金额，降低保费；或因经济能力受限，想变更为展期保险或交清保险，不再交付保险费等，以上均属保险合同内容的一般变更。遇到以上情况，客户就需到保险公司保全部门提出变更申请。保险公司的保险合同中对上述变更都有明确的规定。

保险合同变更申请人资格按以下规定（以寿险为例）来判定：

（1）受益人变更由被保险人或征得被保险人同意的投保人提出申请。

（2）满期金、各种年金给付的申请人为生存受益人本人，重大疾病保险金、残疾保险金、住院津贴保险金的受益人为被保险人。

（3）其他保全项目的申请均为投保人。

委托代办人资格按以下规定来判定：

（1）客户委托他人代办的，受托人须提供授权人出具的授权委托书、本人及授权人的身份证件原件，并在客户填写好的保全作业申请书代办人一栏亲笔签名。

（2）个人委托他人代办的，须由申请资格人在委托书上亲笔签名。

（3）当个人寿险业务申请内容涉及投保人更换、受益人变更、附加险新增或加保等内容时，需要被保险人同意，授权委托书须有被保险人签名。

（4）两人以上就同一事项向同一人授权的，可分别出具授权委托书，也可采用在同一授权委托书上共同签名的形式。

二、保险合同变更的特点

（1）保险合同变更必须由投保人与保险人双方协商确定。

（2）保险合同的变更内容表现为修改合同条款。

（3）变更保险合同的结果是产生新的权利和义务关系。

任务三　提供车险理赔服务（正常理赔）

任务描述

2016 年 7 月 11 日，客户陈卫国晚上开车过程中不慎撞墙，造成车损，左后车门和右前方的保险杠受损，共发生修理费 1 400 元。事故发生后其迅速报案并要求保险公司定损理赔。

请按照上述案例描述，为车险客户提供结案受理、调查取证、复核审批、理赔处理等服务。

任务目标

（1）熟悉理赔岗的工作内容和工作过程，能够为车险客户提供结案受理、调查取证、复核审批、理赔处理等服务。

（2）熟悉收付费岗的工作内容和工作过程，能够为车险客户提供赔款支付服务。

（3）具备良好的服务意识和认真负责的工作态度。

任务准备

（1）需要准备的车险理赔材料通常包括以下几项：

1）车险索赔申请书；

2）保险单正本；

3）赔款收据；

4）行驶证、驾驶证复印件（出租车和特种车还要求准驾证或操作证复印件）；

5）事故处理部门出具的（不同的事故要求不同的证明）交通事故责任认定书及调解书、简易事故处理书、公安部门证明、消防部门证明、气象部门证明、其他证明；

6）估损单；

7）修理清单；

8）车辆修理发票；

9）涉及车辆施救还需提供拖车或吊车费用明细清单及票据。

（2）交通事故发生后，客户提交道路交通损害赔偿调解书，向保险公司报案。经保险公司处理、勘探、定损，客户签字后，保险公司进行立案、理算、核赔、支付、结案。具体事宜可由客户和保险公司协商确定。

（3）车险理赔流程如图 4－54 所示。

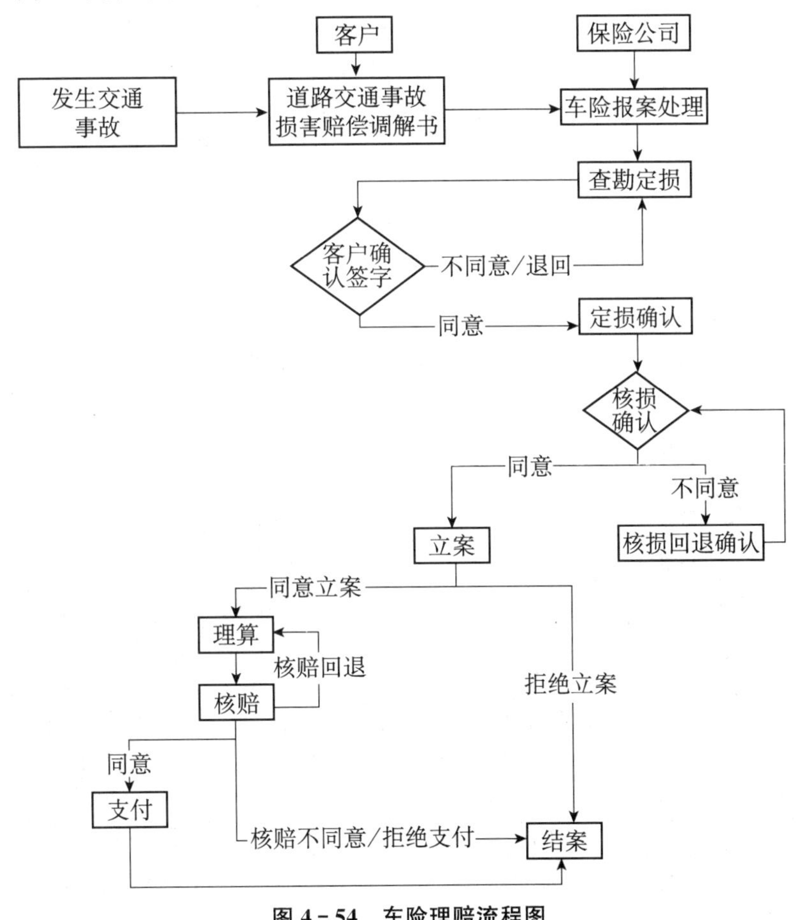

图 4－54　车险理赔流程图

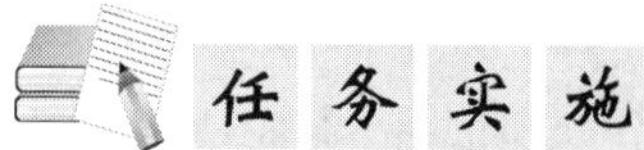

任务实施

一、客户报案

2016 年 7 月 11 日，客户陈卫国晚上开车回家过程中不慎撞墙，造成车损。事故发生后其迅速报案并要求保险公司定损理赔，如图 4－55～图 4－59 所示。

图 4－55　进入保险公司理赔中心

图 4－56　进入报案页面

序号	事故时间	损失标的	操作
1	2016-07-11	京 A B9662	选择保单

图 4-57 选择待报案保单

中国平安保险公司

PA

机动车辆保险出险通知书

被保险人	陈卫国			保单、批单号	0110151118000090658980
号牌号码	京A B9662	厂牌型号	DFL12312	发动机号	东风dci340-30
车架号	4JGBB56E39A51822	吨/座位	10 吨/ 2 座	初次登记年月	2014-03-27
出险时车辆使用性质	☐营业运输 ☑非营业运输	驾驶员姓名：	陈卫国	☑男 ☐女	
驾驶证号：	110101198011280550	准驾车型：	A照	初次领证时间：	2010-03-31
出险时间：	2016-07-11	出险地点：	客户工作单位附近		
交强险投保期限：	2016年2月1日至2017年1月31日	商业险投保期限：	2016年2月1日至2017年1月31日		

出险情况，主要原因及施救经过：

2016年7月11日，客户陈卫国晚上开车过程中不慎撞墙，造成车损。事故发生后其迅速报案并要求保险公司定损理赔。

损失项目、数量、程度及估损金额：

左后车门和右前方的保险杠受损，到4S店修理，花费1 400元。

本车损失：物损 1 400 元；人员：伤 ☐ ____ 人；亡 ☐ ____ 人；

施救费用：____ 元；合计：1 400 元

第三者名称：物损 ____ 元；人员：伤 ☐ ____ 人；亡 ☐ ____ 人；

施救费用：____ 元；合计：____ 元

杂支费用：____ 元

经办部门意见：	驾驶员（签字）：陈卫国
电脑报案编号：	联系地址：北京市东城区灯市口
电脑立案编号：	联系电话：15188665300
经办人（签字）：	报案时间：2016-07-11
经办日期：2016-07-11	被保险人（签字）：陈卫国

图 4-58 生成出险通知书

道路交通事故损害赔偿调解书

事故时间：2016-07-11	事故地点：客户工作单位附近
当事人信息：陈卫国男36岁车牌号京A B9662特种车	其他当事人信息：无

主要内容：2016年7月11日，客户陈卫国晚上开车过程中不慎撞墙，造成车损。事故发生后其迅速报案并要求保险公司定损理赔。

图 4-59 查看赔偿调解书

二、保险公司受理报案

中国平安保险公司理赔工作人员针对客户陈卫国报案的实际情况进行审核，如图 4 - 60～图 4 - 62 所示。

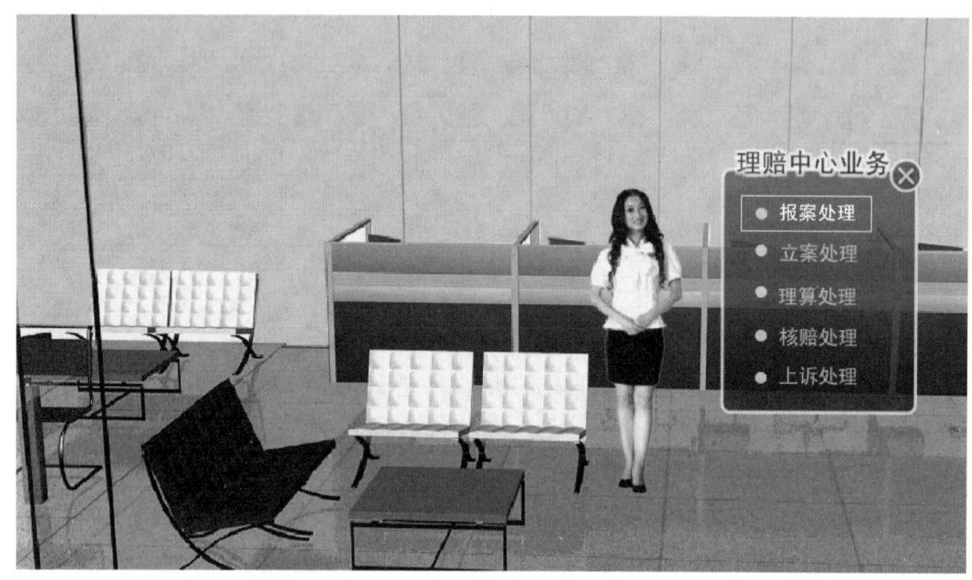

图 4 - 60　进入报案处理页面

报案号	报案时间	交强险	商业险	出险地点	操作
057120160309024125987	2016/7/11	0110151118000090658980	—	客户工作…	查看保单

图 4 - 61　查看保单、选择待处理的报案

报案号	报案时间	交强险	商业险	出险地点	操作
057120160309024125987	2016/7/11	0110151118000090658980	—	客户工作…	接案，指派查勘人员

图 4 - 62　指派查勘人员

三、保险公司查勘定损

中国平安保险公司理赔工作人员针对客户陈卫国的报案涉及的损失情况进行了解，查阅和初步收集与事故性质、原因和损失情况等有关的证据和资料，如图 4 - 63～图 4 - 65 所示，确认事故属于保险责任。

报案号	交强险	商业险	被保险人	查勘地点	操作
057120160309024125987	0110151118000090658980	—	陈卫国	客户所居住…	查勘定损

图 4－63　查勘定损任务接收

中国平安保险公司

PA

机动车辆保险事故现场查勘定损意向书

保险单号：0110151118000090658980（交强险）/0110151118000090658980（商业险）

出险时间：2016-07-11	出险地点：客户工作单位附近	案件性质（☑自赔 □本代 □外代）
查勘时间：2016/7/11	查勘地点：客户工作单位附近	是否第一现场：☑是 □否

保险车辆			
	厂牌型号：DFL12312	发动机号：东风dci340-30	号牌底色：蓝
	号牌号码：京A B9662	车架号（VIN）：4JGBB56E39A51822	初次登记日期：2014-03-24
	驾驶人姓名：陈卫国	驾驶证号：110101198011280550	起保日期：2016-2-1
	初次领证日期：2010-03-31	性别：☑男 □女 准驾车型：A照	联系方式：15188665300
	报案人姓名：陈卫国	联系电话：15188665300	是否第一现场报案：☑是 □否

事故信息

出险原因：☑碰撞 □倾覆 □坠落 □火灾 □爆炸 □自燃 □外界物体坠落、倒塌 □其他

事故类型：□单方肇事 □双方事故 □多方事故 ☑仅涉及财产损失 □仅涉及人员伤亡

事故涉及的第三方车数：共0车　第三者伤亡人数：伤0人，亡0人　车上人员伤亡人数：伤0人，亡0人

事故处理方式：□交警 □自行协商 □保险公司 ☑其他　是否需要施救：□是 ☑否

事故责任划分：☑全部 □主要 □同等 □次要 □无责　核定施救费金额：0元

查勘信息

查勘意见（事故经过、施救过程、查勘情况简单描述和初步责任判断）：
客户陈卫国夜间开车不慎撞墙造成车损。

损失情况及修理情况

序号	更换配件名称	数量	序号	更换配件名称	数量	序号	更换配件名称	数量

序号	修理项目名称	工时费	序号	修理项目名称	工时费	序号	修理项目名称	序号
1	左后车门及右前方保险杠	1400						

残值处理方式：□作价折归被保险人 □由我公司回收 扣减残值：　元

修理厂名称：好运维修厂　修理厂资质：一类　送修时间：2016-7-11

保险合同当事人各方经协商，同意以本定损意向书载明的修理及更换项目为确定本次事故损失范围的依据，并达成以下协议：

1. 本定损意向书只确认更换项目的数量，对于确认之后因车辆移动、拆检过程中造成的损失，保险人不予负责。
2. 本定损意向书仅对车损程度和数量进行描述，不作为最终定损意见。最终定损意见以经我公司核损后的损失情况确认书为准。
3. 理赔时，必须提供对应修理厂的维修发票。如需变更修理厂，应事先征得保险公司同意。如非列明修理厂提供维修发票的，将重新进行损失行损失勘验以核定赔款。

保险公司：中国平安保险公司　三者（修理厂）：　被保险人：对上述内容已阅知，并接受以上内容。

签章：李丽　签字：　签字：

图 4－64　生成查勘定损意向书

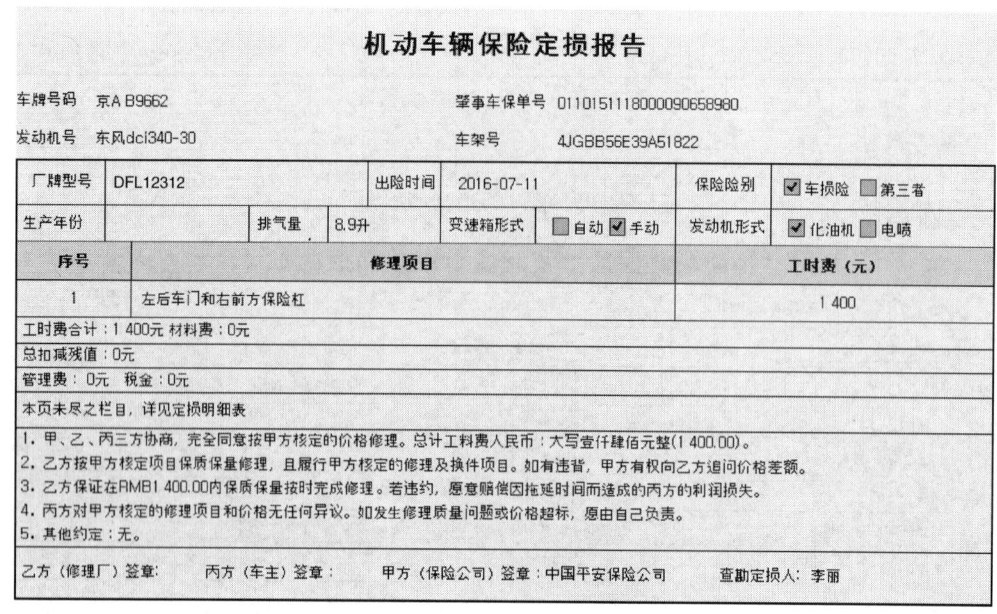

机动车辆保险定损报告

车牌号码　京A B9662　　　　肇事车保单号　0110151118000090658980

发动机号　东风dci340-30　　　　车架号　4JGBB56E39A51822

厂牌型号	DFL12312		出险时间	2016-07-11		保险险别	☑车损险 ☐第三者
生产年份		排气量	8.9升	变速箱形式	☐自动 ☑手动	发动机形式	☑化油机 ☐电喷
序号	修理项目					工时费（元）	
1	左后车门和右前方保险杠					1 400	
工时费合计：1 400元 材料费：0元							
总扣减残值：0元							
管理费：0元　税金：0元							
本页未尽之栏目，详见定损明细表							

1. 甲、乙、丙三方协商，完全同意按甲方核定的价格修理。总计工料费人民币：大写壹仟肆佰元整(1 400.00)。
2. 乙方按甲方核定项目保质保量修理，且履行甲方核定的修理及换件项目。如有违背，甲方有权向乙方追问价格差额。
3. 乙方保证在RMB1 400.00内保质保量按时完成修理。若违约，愿意赔偿因拖延时间而造成的丙方的利润损失。
4. 丙方对甲方核定的修理项目和价格无任何异议。如发生修理质量问题或价格超标，愿由自己负责。
5. 其他约定：无。

乙方（修理厂）签章：　　丙方（车主）签章：　　甲方（保险公司）签章：中国平安保险公司　　查勘定损人：李丽

图 4－65　生成查勘定损报告

四、客户签字确认

客户陈卫国查看报案查勘信息，进行确认，如图 4－66 和图 4－67 所示。

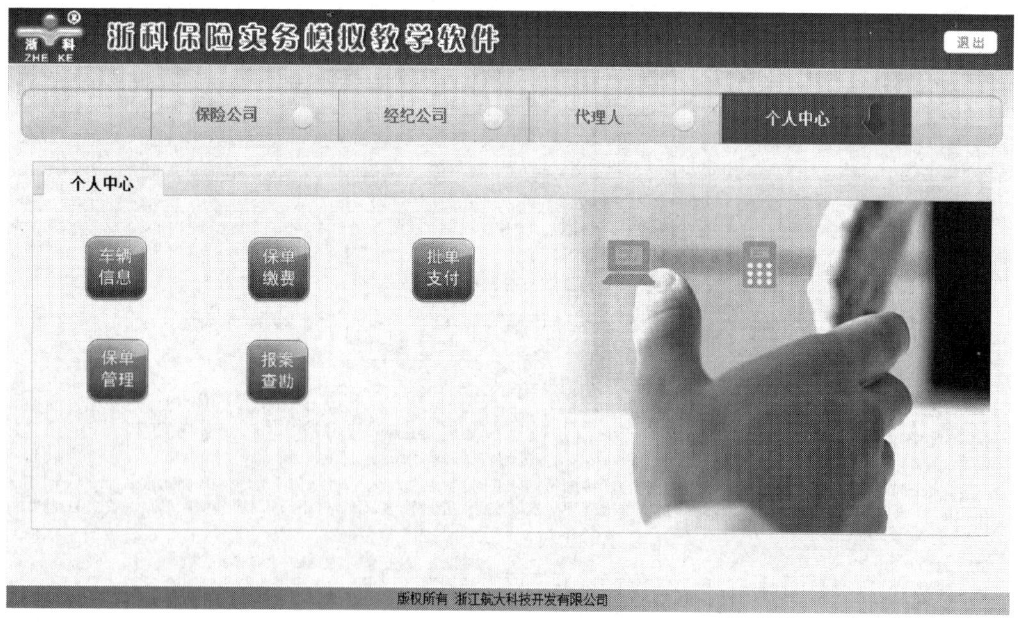

图 4－66　进入报案查勘页面

序号	报案号	交强险	商业险	出险地点	案件状态
1	057120160309024125987	0110151118000090658980	—	客户工作…	定损情况确认完毕

图 4-67　确认定损意向书、定损报告、定损明细

五、定损确认

保险公司理赔人员进行定损确认，如图 4-68 和图 4-69 所示。

图 4-68　进入定损确认页面，提交审核

序号	报案号	被保险人	案件状态	操作
1	057120160309024125987	陈卫国	核损确认	核损确认

图 4-69　定损确认

六、立案

保险公司理赔部门查看核损事件并进行立案处理，如图 4-70～图 4-72 所示。

图 4-70 进入立案处理页面

报案号	被保险人	核损金额（元）	案件状态	操作
057120160309024125987	陈卫国	1 400.00	核损结束待立案	立案

图 4-71 查看待立案保险单

图 4-72 同意立案

七、理算

保险公司理赔中心工作人员进行理算处理，如图 4-73～图 4-75 所示。

图 4－73　进入理算处理页面

报案号	被保险人	核损金额（元）	案件状态
057120160309024125987	陈卫国	1 400.00	待理算

图 4－74　查看待理算案件

理算单

基本信息

报案号：057120160309024125987　　被保险人：陈卫国
交强险保单号：0110151118000090658980　　商业险保单号：
交强险赔案号：0200160309000025529191　　商业险赔案号：
车牌号：京A B9662　　出险时间：2016-07-11
出险地点：客户工作单位附近

报案号	损失标的	核损人	核损金额(元)	核损时间
057120160309024125987	京A B9662	张三	1400.00	2016-07-11

缮制信息

是否全损：否　　事故责任：全部 100%
三者赔付本车交强赔款：0.00 元　　新车购置价：35 万元
自负额：0.00 元　　出险当时实际价格：30 万元
核定施救费：0 元
交强险

交强险

险种/责任	保额/限额(元)	损失金额(元)	赔款金额(元)
每次事故死亡伤残	110 000.00	0.00	
每次事故医疗费用	10 000.00	0.00	
每次事故财产损失	2 000.00	1 400.00	1 400
每次事故无责任死亡伤残	11 000.00	0.00	
每次事故无责任医疗费用	1 000.00	0.00	
每次事故无责任财产损失	100.00	0.00	

交强险赔款合计：1 400.00 元　　商业险赔款合计：0.00 元　　赔款总额：1 400.00 元

图 4－75　理算

八、核赔

财产保险公司工作人员针对理算完的案件进行核赔处理，如图4-76～图4-78所示。

图4-76　进入核赔处理页面

报案号	被保险人	理算金额（元）	案件状态
057120160309024125987	陈卫国	1 400.00	待核赔

图4-77　查看待核赔案件

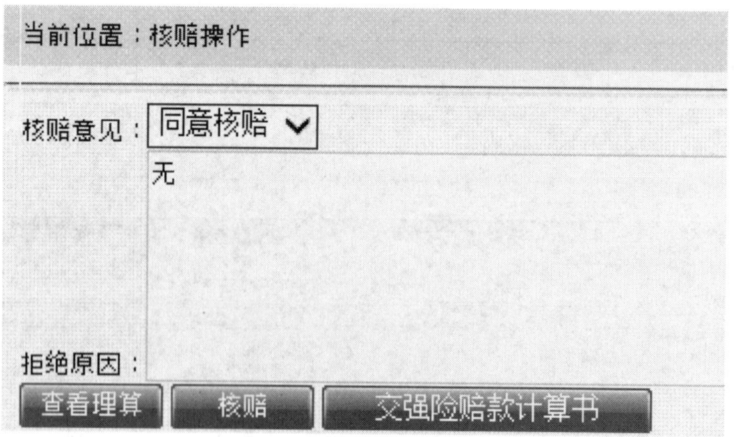

图4-78　填写核赔意见

九、保险公司支付赔款

保险公司财务部人员查看核赔通过的案件，按照理算金额进行赔款支付。赔款确认支付后，客户陈卫国的理赔案件结案，如图 4－79～图 4－82 所示。

图 4－79　进入核赔支付页面

报案号	被保险人	核赔金额（元）	案件状态
057120160309024125987	陈卫国	1 400.00	核赔待支付

图 4－80　查看待支付案件

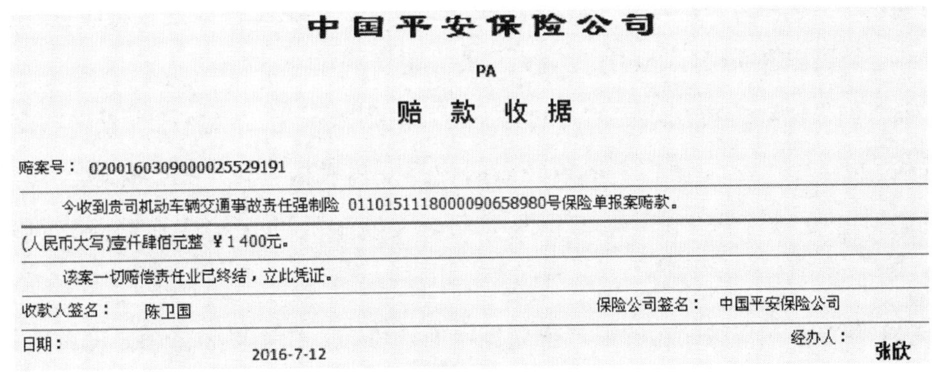

中国平安保险公司

PA

赔 款 收 据

赔案号：02001603090000025529191

今收到贵司机动车辆交通事故责任强制险 01101511180000090658980号保险单报案赔款。

(人民币大写)壹仟肆佰元整 ￥1 400元。

该案一切赔偿责任业已终结，立此凭证。

收款人签名： 陈卫国　　保险公司签名： 中国平安保险公司

日期： 2016-7-12　　经办人： 张欣

图 4－81　支付赔款

报案号	被保险人	核赔金额（元）	案件状态
05712016030902412 5987	陈卫国	1 400.00	已结案

图 4-82　结案

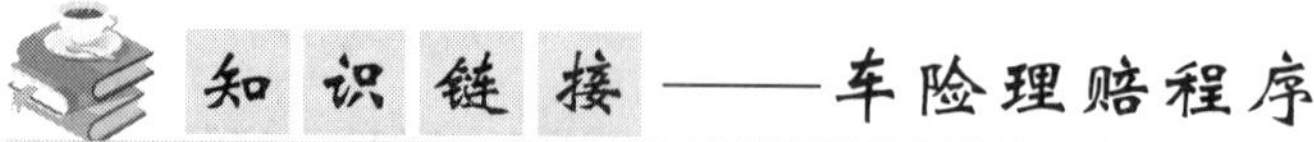

一、向保险公司报案

通常一起交通事故发生后，被保险人不仅要向当地的交通管理部门报案，同时要在事故发生后的 48 小时内向保险公司报案；否则，保险公司可拒绝理赔。报案时可向保险公司服务人员进行后续理赔步骤咨询，并记录下报案编号和相关人员的工号。

二、事故现场救勘查、定损

为了能够尽快赶到出事地点，保险公司在全国范围内都设有网上定损点，它们会第一时间赶到现场进行查勘、定损。保险公司与被保险人对损失估计达成一致，就进行下一步流程。

(1) 需要现场查勘定损的，保险公司会派专业人员迅速赶到现场进行查勘处理。被保险人须会同保险人检验，确定修理项目、方式和费用。

(2) 不需要现场查勘定损的，可将保险事故车辆拖至离事故现场较近的修理厂。如该修理厂是保险公司的远程定损点，可直接对事故车辆定损。若不是保险公司的定损点，则可以联系保险公司派专业人员前去定损。

(3) 如果保险公司在限定的时间内没有派定损人员到定损点进行查勘、定损，被保险人可与保险公司商议，申请驻点的物损评估机构进行定损，保险公司对评估机构的定损应当予以认可，但保险公司对交通事故的真实性有勘验、调查的权利。

(4) 当事人对保险公司的财产损失核定不认可的，在车辆未修理之前可向物损评估机构进行申请财产损失核定；当事人对评估机构的定损仍不认可的，可向评估机构的上一级机构要求重新核定；当事人对保险公司的定损或评估机构重新核定均不认可的，可依法申请仲裁或者向人民法院提起诉讼。

(5) 需要注意的是，未经保险公司定损人员定损的车辆，客户不能自行修理；否则，保险公司有权拒绝赔偿。保险公司接到出险报案后，应当立即安排公司理赔人员或委托的评估机构、技术鉴定机构、海外代理人到事故现场勘查事故经过，了解涉及的损失情况，查阅和初步收集与事故性质、原因和损失情况等有关的证据和资料，确认事故是否属于保险责任，必要时可委托专门的技术鉴定部门或科研机构提供专业技术支持。

三、事故车维修

被保险人可选择将事故车拖到保险公司指定的修理厂（建议），修理厂也可以帮助被保险人共同处理理赔方面的问题；也可选择将事故车拖到自己熟悉的修理厂进行修理。需要注意的是，事故车必须按定损项目及定损金额进行修理，若有项目及费用的变动，应事先与保险公司协商。鉴于现在有少数不法修理厂为了自己的利益将客户送修车辆伪造二次事故骗取理赔金，被保险人应提高警惕。通常情况下，保险公司建议客户去那些资质较佳或保险公司推荐的修理单位进行修理。

四、提交索赔材料

当确定了损失以后，被保险人就可以向保险公司索赔了。通常，被保险人向保险公司索赔时，要提交保险单、索赔申请等与该起事故有关的单证材料，以方便保险公司核实。

（一）单车事故理赔所需材料

(1) 保单复印件；车辆行驶证正证、副证（注意验车日期）；驾驶员驾驶证正证、副证（注意验证日期）；驾驶员体检证明（A、B照需要）。

(2) 保险公司车辆损失定损单；事故车的修理清单及发票。

(3) 属于道路交通事故的，被保险人应当提供公安交通管理部门或法院等机构出具的事故证明、有关的法律文书（如裁定书、裁决书、调解书、判决书等）；属于非道路交通事故或公安交通管理部门不进行处理的事故的，应提供相关的事故证明，如派出所、保卫部门、物业小区管理部门出具的事故证明，并去当地所属派出所盖章。

（4）个人银行卡号或企业账号。

（5）索赔申请书（到保险公司单证收集点填写）。

（6）企业车辆理赔需带好公章，以便在索赔申请书上的被保险人处盖章。

（二）碰撞事故理赔所需材料

对理赔资料如有疑问，可在将资料递送至保险公司案件收集点之前，先电话咨询保险公司理赔工作人员。

（1）索赔申请书（企业车辆理赔要在索赔申请书上的被保险人处盖章）；出险通知书（定损时，保险公司定损员会给）。

（2）保单复印件；车辆行驶证正证、副证（注意验车日期）；驾驶员驾驶证正证、副证（注意验证日期）；驾驶员体检证明（A、B照需要）。

（3）保险公司车辆损失定损单；修理厂清单及发票（如两车都有损失，则需提供两辆车的修理清单及发票，通常责任较大的一方拿修理清单及发票原件，另一方拿修理厂盖章的修理清单及发票复印件）。

（4）属于道路交通事故的，被保险人应当提供公安交通管理部门或法院等机构出具的事故证明、有关的法律文书（如裁定书、裁决书、调解书、判决书等）；属于非道路交通事故或公安交通管理部门不进行处理的事故的，应提供相关的事故证明，如派出所、保卫部门、物业小区管理部门出具的事故证明，并去当地所属派出所盖章。

（5）如涉及误工费，需提供伤者的工资证明；造成伤者残疾的，需要提供残疾鉴定等。但要注意的是，这些费用的总和不能超过赔偿限额。

（6）个人银行卡号或企业账号。

五、赔款的计算和审核

保险公司审核了被保险人所提交的索赔材料以后，如果真实可靠，保险公司就应该按照保险合同的约定承担保险责任，确定具体的赔偿款数额。

(一)权限内业务

单证齐全、审查核定正确无误的，在限定时间内给予赔偿；如果在审查核定中发现与被保险人提供的数据不符或超过保险公司的理赔范围，与被保险人共同调查核实予以赔付。

(二)超权限业务

交通事故重大赔偿金额超过一定限额的，当地保险公司要向上级保险公司进行汇报，由上级保险公司根据具体情况进行处理。

六、领取保险金

通常保险公司会在案件处理完毕后，第一时间致电私家车客户领取理赔款（企业客户通常是银行划账），被保险人只要带好相关证明（如身份证、保单、赔案回执）到保单所属保险公司的财务部领取即可。

部分保险公司对私家车客户的赔款可采取银行划账的方式。建议在递交理赔材料时咨询一下，如可以，可在索赔申请书上提供保险公司认可的被保险人或受益人银行卡号。这样案件处理完毕后，保险公司可直接将理赔款划到账上。

七、配合保险公司追偿

如果被保险人的车由于第三方责任发生碰撞、倾覆情况，需要公安交通管理部门先确认责任。然后，被保险人必须先向第三方索赔。如果第三方不予支付，被保险人应向人民法院提起诉讼。经人民法院立案后，书面请求保险公司先赔偿的，应向保险公司提供人民法院的立案证明，保险公司按保险合同的约定先行赔付。被保险人还必须签署权益转让书，将向第三方追偿的权利部分或全部转让给保险公司，并积极协助保险公司向第三方追偿。如果被保险人放弃了向第三方索赔，而直接向保险公司索赔，保险公司将不予受理。

项目五　家庭财产保险客户服务

项目描述

客户基本信息如下：

- 姓名：王芳
- 性别：女
- 家庭住址及邮编：北京市西城区车公庄路101号，邮编100033
- 学历：本科
- 婚姻状况：已婚
- 生日：1978-01-03
- 身高：168cm
- 体重：50kg
- 身份证号码：110102197801038814
- 联系方式：18066666240
- 邮箱：wangfang@163.com
- 工作单位：北京春风服装有限公司
- 职业：企业管理人员
- 单位电话：010-80276503
- 开户行及账号：平安银行6223128932189879821

请以保险客户服务部门人员的角色，完成新单服务岗、保全服务岗、理赔岗、单证管理岗、收付费岗的相应工作。

项目目标

通过本项目的学习，你应当能够：

(1) 熟悉新单服务岗的工作内容和工作过程，能够为家庭财产保险客户提供业务员交单，接单初审，新单受理，投保资料录入、交接、归档，核保等服务。

(2) 熟悉保全服务岗的工作内容和工作过程，为家庭财产保险客户提供客户资料变更等服务。

(3) 熟悉理赔岗的工作内容和工作过程，能够为家庭财产保险客户提供结案受理、调查取证、复核审批、理赔处理等服务。

(4) 熟悉收付费岗的工作内容和工作过程，熟悉客户接待礼仪，能够按礼仪标准为客户提供规范的服务。

任务一 提供家庭财产保险投保服务（委托投保）

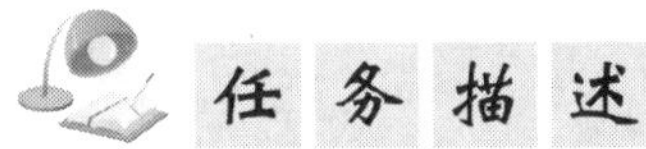

任务描述

2016 年 2 月 3 日，客户王芳请北京保险资产代理公司代其购买中国平安保险公司的家庭财产保险产品。

投保书信息如下：

投保人：王芳

联系电话：18066666240

住址：北京市西城区车公庄路 101 号

投保产品：吉祥三保二代　4 份　每份 160 元

交费方式：现金

保险期限：一年

请按照新单服务岗和收付费岗的工作内容和工作过程，为其办理投保书审核、录单和缴费工作。

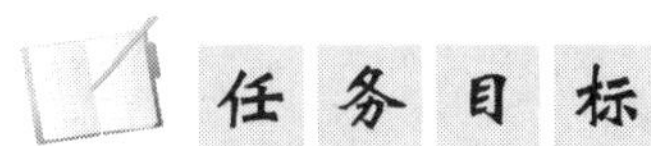

任务目标

(1) 熟悉新单服务岗的工作内容和工作过程，能够为家庭财产保险个人客户提供业务员交单，接单初审，新单受理，投保资料录入、交接、归档，核保等服务。

(2) 熟悉收付费岗的工作内容和工作过程，能够为家庭财产保险个人客户提供保险费、保险金等的收付服务。

任务准备

家庭财产保险委托投保流程如图 5－1 所示。

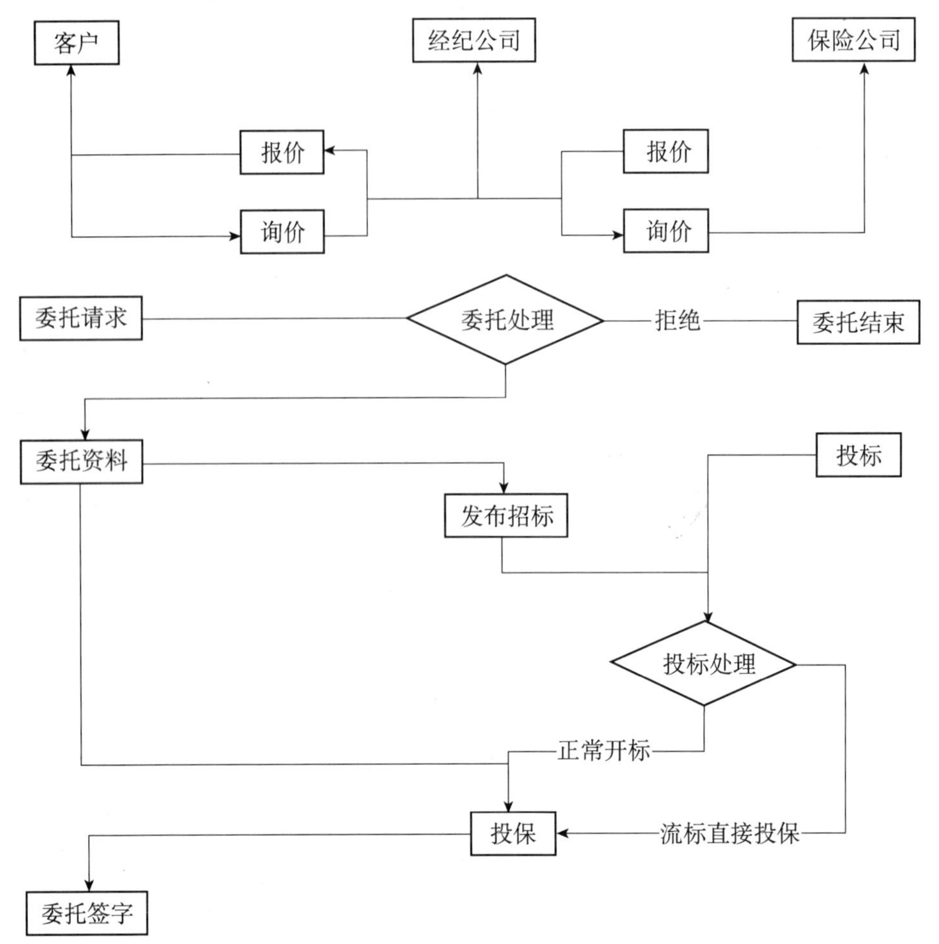

图 5－1　家庭财产保险委托投保流程图

注：保险公司投标处理，与客户直接投保流程相同。

任务实施

一、客户向经纪公司提出委托

2016 年 2 月 3 日，客户王芳请北京保险资产代理公司代其购买中国平安保险公司的家庭财产保险产品，如图 5－2 和图 5－3 所示。

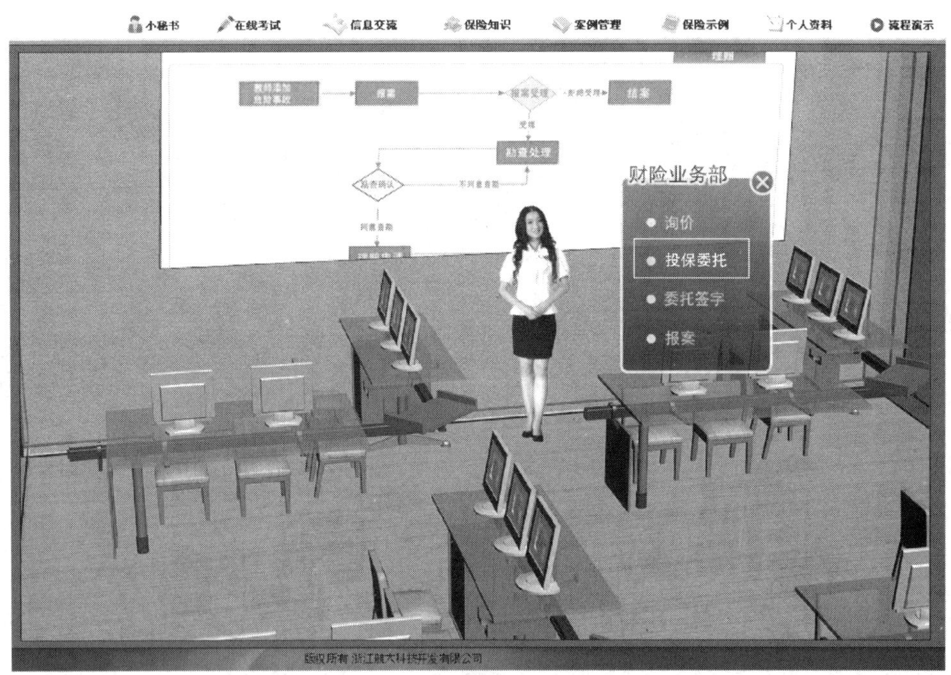

图 5-2　进入经纪公司财险业务部，选择投保委托

委托类型：个人

委托团队：无

委托的经纪公司：北京保险资产代理公司

委托详情：王芳委托北京保险资产代理公司购买中国平安保险公司家财险产品

指定财产保险公司：中国平安保险公司

经纪公司受理状态：未处理

委托人资料：

姓　名：王芳

出生年月：1978-01-03

邮政编码：100033

联系电话：18066666240

图 5-3　委托申请

二、经纪公司处理客户委托申请

北京保险资产代理公司收到客户王芳委托投保中国平安保险公司家庭财产保险

产品的申请后，同意受理，如图 5-4～图 5-6 所示。

图 5-4　经纪公司进入财险业务部，选择委托管理

序号	经纪公司	委托日期	委托详情	处理状态
1	北京保险资产代理公司	2016/2/3	王芳委托北....	未处理

图 5-5　受理委托

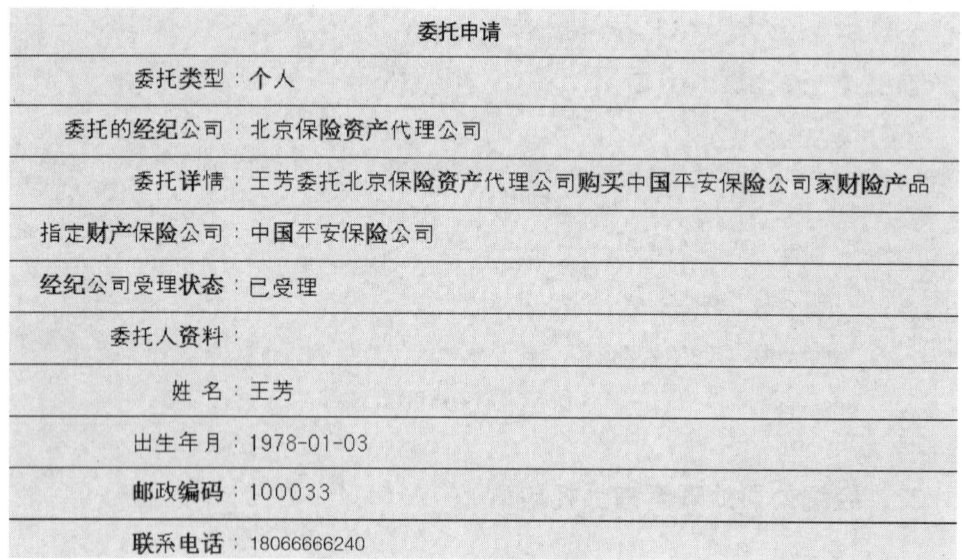

委托申请

委托类型：	个人
委托的经纪公司：	北京保险资产代理公司
委托详情：	王芳委托北京保险资产代理公司购买中国平安保险公司家财险产品
指定财产保险公司：	中国平安保险公司
经纪公司受理状态：	已受理
委托人资料：	
姓　名：	王芳
出生年月：	1978-01-03
邮政编码：	100033
联系电话：	18066666240

图 5-6　处理委托受理

三、经纪公司委托投保

经纪公司进入财险服务部界面，选择委托投保，代客户王芳填写投保单并递交给保险公司，如图 5－7～图 5－9 所示。

图 5－7　委托投保准备

序号	投保单号	委托日期	委托处理状态
1	无	2016/2/3	已受理

图 5－8　查看投保申请

中国平安保险公司

PA

投保单

产品名称：吉祥三保二代　　产品编号：JCC20091104095931

份　数：4份　　每份保费：160元

产品说明：

1. 本投保单、保单会同条款一起构成一份完整的保险合同，并成为理赔的基础。请仔细阅读后附条款，特别注意条款中的保险责任、责任免除、被保险人义务等有关内容，确认其含义。
2. 请据实填写本投保单所提问题，如故意隐瞒事实、不履行如实告知义务，本公司有权拒绝赔偿或书面通知其解除保险合同。

保障项目	项目明细	每份保额	每份保额分项（元）
家财险	房屋（及附属物）	105 000元	80 000元
	房屋装修		15 000元
	室内财产		10 000元
盗抢险	室内财产	7 000元	5 000元
	现金		1 000元
	门窗锁恶意破坏损失险		1 000元
意外险	意外伤害（主被保险人）	53 000元	20 000元
	意外伤害（配偶）		20 000元
	意外伤害（子女）		10 000元
	意外医疗（主被保险人）		1 000元
	意外医疗（配偶）		1 000元
	意外医疗（子女）		1 000元
其他险	水暖管爆裂险	5 000元	5 000元
责任险	家庭住户第三者责任险	5 000元	5 000元

图 5－9　提交投保单

投保单号：	JCT20161124125543
投保份数：	4份
总投保费：	640元
房屋详细地址：	北京市西城区车公庄路101号
保险期限起始日期：	2016-02-04
保险期限到期日期：	2017-02-03
投保时间：	2016-02-03

图 5－9（续图）

四、客户委托签字

经纪公司可以代客户填写投保单，但客户签字项目需由客户本人完成才具有法律效力。提醒客户王芳签字前应仔细查看经纪公司代其填写的投保单信息是否有误，并履行如实告知义务，如图 5－10 和图 5－11 所示。

图 5－10　进入委托签字页面

序号	投保单号	财产保险公司	保险产品	投保时间	投保状态	操作
1	JCT20161124125543	中国平安保险公司	吉祥三保二代	2016/2/3	提交	签字

图 5－11　签字

五、投保单核保

中国平安保险公司核保部审核投保单和相关材料，填写核保说明及是否给予通过，如图 5－12～图 5－15 所示。

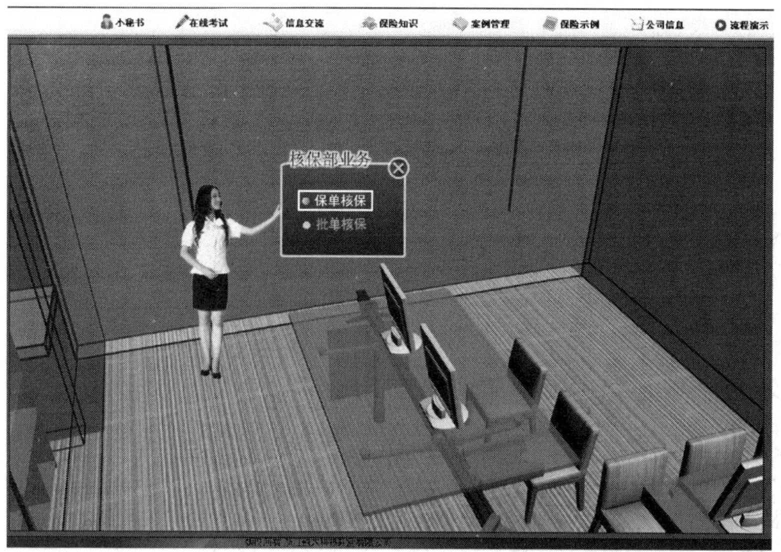

图 5－12　进入保单核保页面

序号	投保单号	投保人	保险产品	投保时间	保单状态	操作
1	JCT20161124125543	王芳	吉祥三保二代	2016/2/3	提交	核保

图 5－13　选择待核保单

图 5－14　填写核保意见

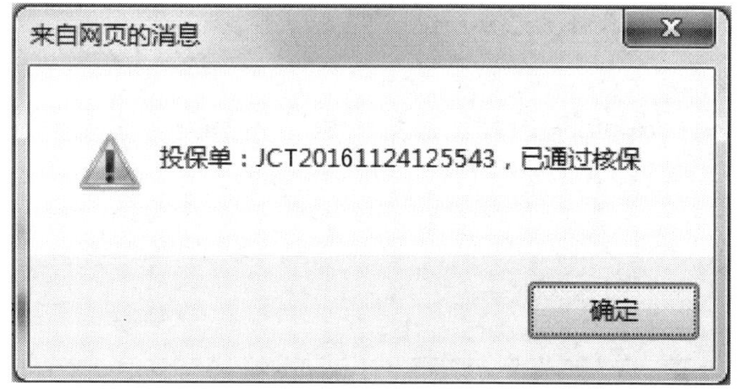

图 5－15　核保通过

六、保单签发

核保通过后，核保部签发保单，如图 5-16～图 5-18 所示。

图 5-16　进入保单签发页面

序号	投保单号	投保人	保险产品	投保时间	保单状态
1	JCT20161124125543	王芳	吉祥三保二代	2016/2/3	承保

图 5-17　查看保单

图 5-18　签发保单

七、客户保单签收并缴费

客户王芳进入个人中心，进行保单签收并缴纳保险费，如图 5－19～图 5－22 所示。

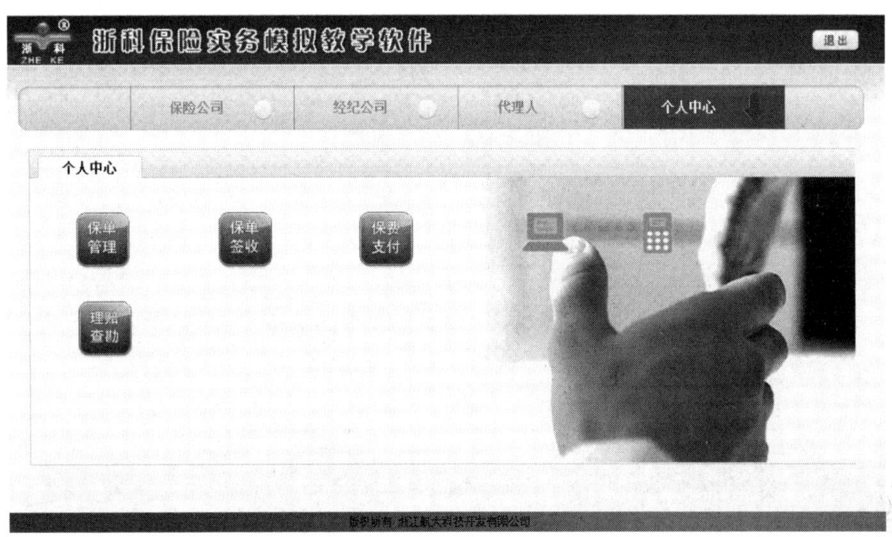

图 5－19 保单签收准备

序号	投保单号	保险单号	财产保险公司	保险产品	投保时间	投保状态
1	JCT20161124125543	JCB20161124131704	中国平安保险公司	吉祥三保二代	2016/2/3	已签收

图 5－20 保单签收

图 5－21 保险缴费准备

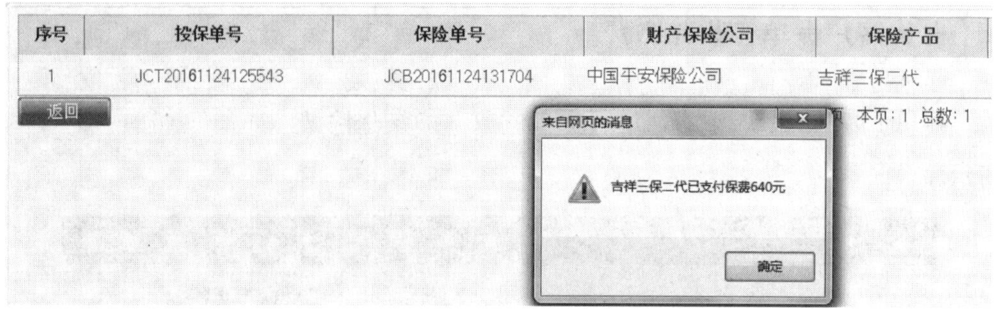

图 5－22　保单缴费

八、扣费

进入保险公司财务部保单扣费页面，由收付费岗人员进行保单扣费，扣费后保单正式生效，如图 5－23 和图 5－24 所示。

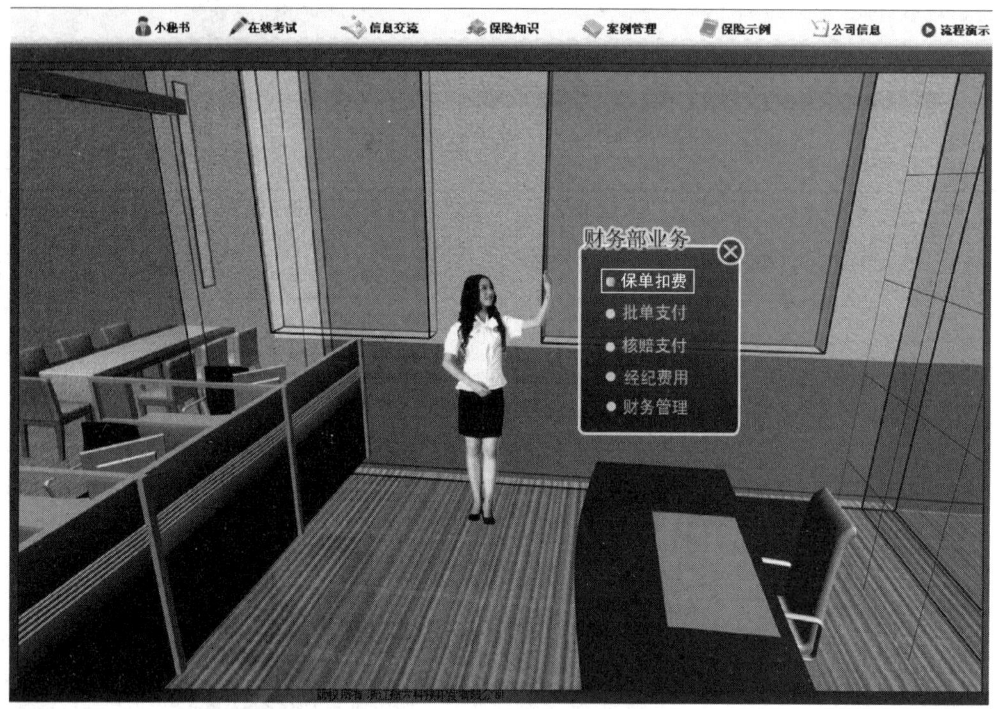

图 5－23　进入保单扣费页面

序号	投保单号	投保人	保险产品	投保时间	保单状态	操作
1	JCT20161124125543	王芳	吉祥三保二代	2016/2/3	缴费确认	已确认

图 5－24　保单扣费

九、支付经纪费

客户王芳投保顺利完成后，中国平安保险公司按约定向北京保险资产代理公司支付经纪费，经纪费比例为保险费的5%，如图5-25所示。

中国平安保险公司

PA

应付经纪费回执

BROKERAGE CREDIT NOTE

日期：	2016/2/3		
致：	北京保险资产代理公司		
被保险人：	王芳		
产品名称：	吉祥三保二代		
保险期限：	2016-02-04至2017-02-03		
保险单号码：	JCB20151124131704		
保险费：	640元		
经纪费：	32元	经纪费比例：	5%
备注：			

图5-25　应付经纪费回执

十、经纪公司确认经纪费用收入

北京保险资产代理公司确认收到中国平安保险公司经纪费，如图5-26～图5-28所示。

图5-26　进入收付记录页面

序号	项目名称	类型	金额（元）	日期
1	经纪公司经纪费用收入	收入	32.00	2016/2/3
收入总计：32元				
支出总计：0元				

图5-27　查看经纪费用支付情况

序号	保险公司	发送日期	投保状态
1	北京保险资产代理公司	2016/2/3	确认回执

图5-28　查看经纪费用支付情况

一、第一印象

客户非常关注对方带给他的第一印象究竟是怎么样的。对客户服务人员而言，就是你穿着怎么样会对别人认为你是不是很专业有影响，最好让你的客户一看到你就能很快地判断出你的职业，甚至你的职业水准。例如，去医院看病，医生办公室门一开，你通常就能看出来，这个人是资深医师、实习医生，还是护士。因此，客户服务人员在欢迎客户时一定要呈现出职业化的形象。

二、服务态度

态度是非常重要的，因为它决定着客户对整个服务的感知。保险客户服务人员应该以怎样的态度去接待客户，将决定整个服务的成败。所以，对于客户服务人员来说，在欢迎客户时，一定要时常发自内心地展现微笑，要以一种欢迎的态度对待客户。

客户在接受某项服务时，最基本的要求就是客户服务人员能够关注他的直接需求，能受到热情的接待；但在不需要接待时，客户则不希望客户服务人员去打扰他。客户服务人员要想在接待客户的过程中，呈现出良好的服务形象，就必须事先做好充分的准备工作。

任务二 提供家庭财产保险保单变更服务（保险标的变更）

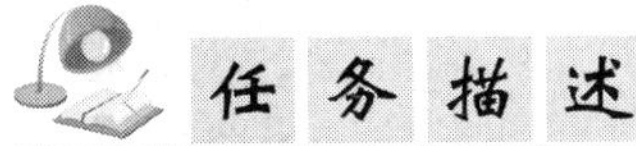

2016 年 5 月 21 日，客户王芳要求保险销售人员张立为其变更家庭住址，原住址为北京市西城区车公庄路 101 号，现住址为北京市西城区车公庄路 109 号。

任务目标

（1）熟悉保全服务岗的工作内容和工作过程，能够为家庭财产保险客户提供客户资料变更等服务。

（2）具备良好的服务意识和认真负责的工作态度。

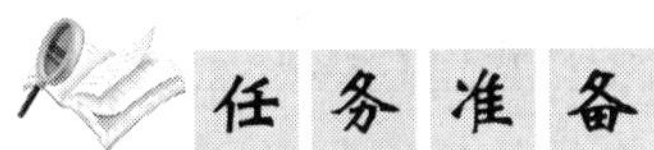

保单变更流程如图 5－29 所示。

图 5－29 保单变更流程图

一、客户提出变更申请

2016 年 5 月 21 日，客户王芳要求保险销售人员张立为其变更家庭住址，原住址为北京市西城区车公庄路 101 号，现住址为北京市西城区车公庄路 109 号。保险公司保全部工作人员张立指导其填写保单变更申请，并将申请和相关材料进行上交，如图5－30～图 5－32 所示。

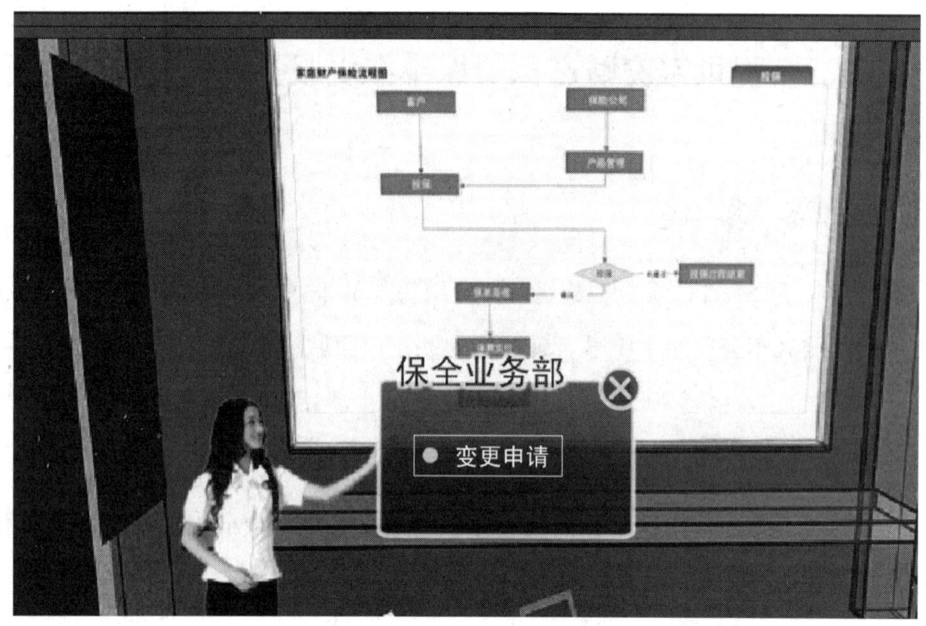

图 5－30　进入变更申请页面

序号	投保单号	保险单号	财产保险公司	保险产品	投保时间	操作
1	JCT20161124125543	JCB20161124131704	中国平安保险公司	吉祥三保二代	2016/2/3	查看待变更保单

图 5－31　查看待变更保单

中国平安保险公司

PA

变更申请书

保单号：JCB20151124131704

申请人：王芳　　申请日期：2016 年 5 月 21 日

变更项目：家庭住址

变更前：北京市西城区车公庄路101号

变更后：北京市西城区车公庄路109号

返回　打印　导出Word

图 5－32　填写保单变更申请书

二、保险公司处理变更申请

中国平安保险公司保全服务部人员查看王芳的变更申请，对申请事项进行审核，并在变更申请表上填写“同意变更”字样，生成变更批单后的保单正式生效，如图5－33～图5－36所示。

图5－33 进入变更管理页面

序号	投保单号	保险单号	投保人	保险产品	投保时间
1	JCT20161124125543	JCB20161124131704	王芳	吉祥三保二代	2016/5/21

图5－34 查看保险变更申请

序号	变更项目	申请日期	申请状态
1	家庭住址	2016/5/21	通过

图5－35 通过变更

中国平安保险公司

PA

批单

申请人：	王芳	批单号码：	JCP20161124112554
申请日期：	2016-05-21.	保险单号：	JCB20161124131704
批改项目：	家庭住址	证件号：	110102197801038814

批改前：

北京市西城区车公庄路101号

批改后：

北京市西城区车公庄路109号

图5－36 生成批单

规范服务语言

接待客户应使用文明用语，禁止使用服务禁语。保险客服人员应按照以下范例规范自己的服务语言。

（1）客户前来办理业务时，应说：“您好”或“欢迎光临”。

（2）客户等待时间较长时，应说：“对不起，请稍等”“请稍坐一会儿”。

（3）客户找错柜台时，应说：“对不起，请到××柜台”。

（4）递交客户保单、发票、支票或赔款时，应说：“请您收好”。

（5）要注意礼貌：态度要诚恳、亲切；声音大小要适宜；语调要平和、沉稳；尊重他人。

（6）要使用敬语：使用表示尊敬和礼貌的词语，如“请”“谢谢”“对不起”。

（7）保险客服人员在服务过程中，禁止出现以下不规范语言：

1）客户咨询保险服务时，禁止说：“墙上贴着，自己去看”或“不知道，问别人去”“不是告诉你了吗”。

2）客户不愿在公司投保时，禁止说：“爱上哪儿保上哪儿保”。

3）接受客户报案时，禁止说：“怎么搞的”或“又出事了”。

4）客户对赔偿有意见时，禁止说：“不能赔就是不能赔”。

任务三　提供家庭财产保险理赔服务（正常理赔）

2016 年 6 月 1 日，王芳家水管爆裂，家具和装修损失 14 000 元。王芳向保险公司提出理赔请求，实际发生查勘费用 500 元和其他费用 300 元。

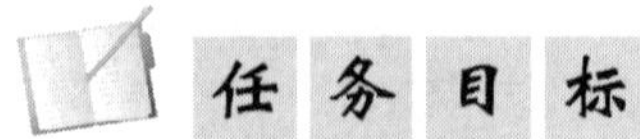

（1）熟悉理赔岗的工作内容和工作过程，能够为家财险客户提供结案受理、调查取证、复核审批、理赔处理等服务。

(2) 熟悉收付费岗的工作内容和工作过程，能够为家庭财产保险客户提供赔款支付服务。

(3) 熟悉客户接待礼仪，能够按礼仪标准为客户提供规范的服务。

(4) 具备良好的服务意识和认真负责的工作态度。

任务准备

家庭财产险理赔流程如图 5－37 所示。

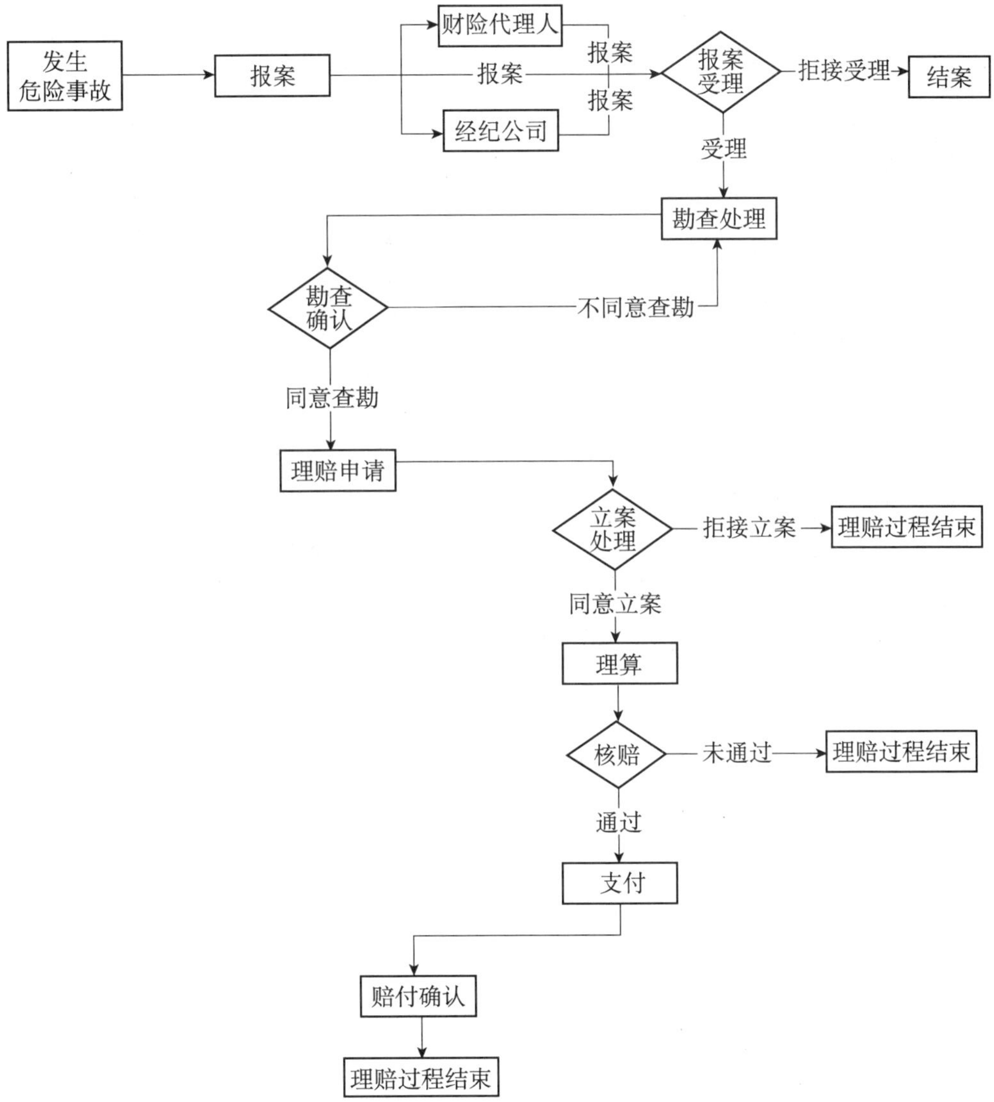

发生危险事故
报案
财险代理人
经纪公司
报案
报案
报案
报案受理
拒接受理
结案
受理
勘查处理
勘查确认
不同意查勘
同意查勘
理赔申请
立案处理
拒接立案
理赔过程结束
同意立案
理算
核赔
未通过
理赔过程结束
通过
支付
赔付确认
理赔过程结束

图 5－37　家庭财产险理赔流程图

任务实施

一、客户报案

客户王芳家水管爆裂，家具和装修损失 14 000 元，她向保险公司提出理赔请求，实际发生查勘费用 500 元和其他费用 300 元。保险公司指导其填写理赔申请书，如图 5－38 和图 5－39 所示。

图 5－38　进入保险公司界面，选择报案

中国平安保险公司

PA

报案申请

事故时间：2016-06-01　　　　事故地点：北京市西城区车公庄路109号

报案时间：2016-06-01　　　　受理状态：未受理

案件描述：2016年6月1日，王芳家水管爆裂，造成室内家具和装修损坏等经济损失14 000元。

保险公司处理状态：未处理

图 5－39　填写报案描述

二、保险公司受理报案

中国平安保险公司理赔工作人员对客户王芳报案的实际情况进行审核，填写家财险危险事故单，受理报案，如图 5-40～图 5-42 所示。

图 5-40　进入报案处理页面

序号	保险单号	报案号	案件描述	报案人	报案时间
1	JCB20161124131704	JBA20161124142441	2016 年 6 月 1 日，王芳家水管爆裂…	王芳	2016/6/1

图 5-41　查看报案的保单

中国平安保险公司

PA

家财险危险事故单

事故名称：水管爆裂　　　　事故时间：　　2016-06-01

事故地点：北京市西城区车公庄路109号

案件描述：2016年6月1日，王芳家水管爆裂，造成室内家具和装修损坏等经济损失14 000元。

查勘人员：程欣

查勘地点：北京市西城区车公庄路109号

查勘时间：2016-6-2

任务描述：查堪事故地点及损失情况

图 5-42　受理报案

三、保险公司进行查勘

针对受理的报案，中国平安保险公司查勘人员程欣到现场进行查勘。查勘后据实填写查勘报告，如图 5－43～图 5－45 所示。

图 5－43　进入理赔中心，选择报案查勘

序号	保险单号	报案号	查勘人员	查勘日期	查勘地点	查勘状态
1	JCB20151124131704	JBA20151124142441	程欣	2016/6/2	北京市西城....	未勘查

图 5－44　查看保单

中国平安保险公司

PA

查勘报告

查勘人员：程欣

查勘时间：2016-06-02

查勘地点：北京市西城区车公庄路109号

任务描述：查堪事故地点及损失情况

查勘结果：经过查勘，属保险范围，室内家具及装修等损失与事故描述相符。

图 5－45　填写查勘报告

四、客户确认查勘

针对保险公司填写的查勘报告，客户王芳进行确认，填写“同意”，如图 5-46 所示。

中国平安保险公司

PA

查勘报告

查勘人员：程欣

查勘日期：2016-6-2

查勘地点：北京市西城区车公庄路109号

查勘结果： 经过查勘，属保险范围，室内家具及装修等损失与事故描述相符。

客户意见：同意

图 5-46 查勘报告确认

五、保险公司提交查勘报告

王芳在查勘报告上签字同意后，查勘人员程欣将报告提交给保险公司理赔部门，如图 5-47 和图 5-48 所示。

图 5-47 进入报案查勘页面

序号	保险单号	报案号	查勘人员	查勘日期	查勘地点	查勘状态
1	JCB20161124131704	JBA20161124142441	程欣	2016/6/2	北京市西城…	客户同意

图 5-48 提交查勘报告

六、理赔申请

客户王芳填写索赔申请表，如图 5-49～图 5-51 所示。

图 5-49 进入理赔申请页面

序号	报案号	勘查人员	勘查日期	申请状态
1	JBA20161124142441	程欣	2016/6/2	未申请

图 5-50 查看报案保单

中国平安保险公司

PA

财产损失索赔申请表

被保险人资料		
名称 王芳	赔案编号 JCS201606013792	保险单号码 JCB20161124131704
通讯地址 省市县/区 北京市西城区	邮政编码 100033	电邮地址 wangfang@163.com
联系人 王芳	联系电话 18066666240	传真号码

事故发生之详情			
日期 2016-06-01	时间 10：00	上午/下午	地点 北京市西城区车公庄109号

图 5-51 填写索赔申请表

<table>
<tr><td colspan="4">原因和经过：
水管爆裂，家具和装修损失14 000元</td></tr>
<tr><td>何时及何人向您报告该事故：
2016-6-1，王芳报告</td><td colspan="3">消防部门或警方是否到出事现场调查： ☑是 ☐否
公安部门到现场</td></tr>
<tr><td colspan="4">如果事故发生可归因其他人士的疏忽，请详述：</td></tr>
<tr><td colspan="4">如果事故发生时，该物业并无人居住或使用，请说明自何时开始该物业无人居住或使用及原因：</td></tr>
<tr><td colspan="4">如果事故发生时，该物业是在进行装修、修缮、翻新或建筑工程，请详细说明：</td></tr>
<tr><td colspan="4">财产资料</td></tr>
<tr><td colspan="4">如果被保险人不是该受损财物的所有人，请详述：</td></tr>
<tr><td colspan="3">其他对该受损财物享有权益的人士名称及地址，如抵押权人、财务公司等：</td><td>借款余额</td></tr>
<tr><td colspan="2">其他承保本事故损失的有效保险</td><td>保单号码</td><td>保额</td></tr>
<tr><td colspan="4">偷盗情况</td></tr>
<tr><td>该物件最后出现的时间及地方：
无</td><td colspan="2">事故发生时该物件由谁保管：
无</td><td>何时及何人发现该物件被盗/失窃：
无</td></tr>
<tr><td colspan="4">出事场所是否有被暴力进入或毁坏的明显痕迹
☐是
☑否</td></tr>
<tr><td colspan="4">警方资料</td></tr>
<tr><td>事故发生现场之公安人员姓名及警号：
李胜AP010102</td><td>所属公安局：
西城公安分局</td><td>案件编号：
B012123908</td><td>电话号码：
010-62341278</td></tr>
<tr><td colspan="4">赔偿申请明细表 请附维修工程估价单、发票、销售记录、出入库，做好记录。有未尽项目，请另附清单按要求详细列明。</td></tr>
<tr><td colspan="4">房屋，装修</td></tr>
<tr><td>序号</td><td>损失详情</td><td>修理公司名称</td><td>要求赔偿金额（元）</td></tr>
<tr><td>1</td><td>室内家具及地板被淹</td><td>北京天宇装饰公司</td><td>14 000</td></tr>
<tr><td colspan="4">货物（无）</td></tr>
<tr><td colspan="4">机器或其他财物（无）</td></tr>
<tr><td colspan="4">声明</td></tr>
<tr><td colspan="4">被保险人兹郑重声明，在本申请表内所列之遭受损失或毁坏之各项财物皆为被保险人所有并由上述之保险单所承保，据此，特提交本申请表要求赔偿。我们进一步声明，除本表格所述人士，无其他第三者对该财物享有任何权益。

我/我们特此声明，就我/我们所知所信，以上陈述绝无虚假和隐瞒。我/我们明白保险合同的各项规定，不因保险公司代表提供、制备本表或保险公司接受、保留索赔证明，而受任何影响。</td></tr>
<tr><td colspan="2">被保险人签章：王芳</td><td colspan="2">日期：2016-06-02</td></tr>
<tr><td colspan="4">事故单附件（无）</td></tr>
</table>

图 5-51（续图）

七、立案

保险公司理赔中心工作人员进行立案处理，如图 5-52 和图 5-53 所示。

图 5-52　进入立案处理页面

序号	理赔申请单号	申请时间	被保险人	操作
1	JCS201606013792	2016/6/2	王芳	同意立案

图 5-53　立案

八、理算

保险公司理赔中心工作人员进行理算处理，如图 5-54～图 5-56 所示。

图 5-54　进入理算处理页面

序号	立案号	立案时间	理赔申请单号	操作
1	JCL20161124151915	2016/6/2	JCS201606013792	理算

图 5 - 55 查看待理算的理赔申请

赔款计算书

被保险人：王芳

保单号：JCB20161124131704　　批单号：JCP20161124112554

赔案号：JCS201606013792

保险期限：共12个月

自2016-02-04零时起至2017-02-03二十四时止

保险金额：700 000元

出险日期：2016-06-01　　出险地点：北京市西城区车公庄109号

出险原因：水管爆裂，家具和装修损失14 000元

赔款计算方式：保品损失金额+查勘费+其他金额

赔款核定金额	币种	请将赔款付给
保品损失金额：14 000元	人民币	收款人：王芳
查勘费：500元	人民币	开户行：平安银行
其他金额：300元	人民币	账号：6223128932189879821
合计：14 800元	人民币	

给付方式及日期：现金支付，2016-06-10

查勘定损人员：程欣　　查勘定损日期：2016-06-02

图 5 - 56 填写赔款计算书

九、核赔

保险公司理赔中心工作人员进行核赔处理，如图 5 - 57～图 5 - 59 所示。

图 5 - 57 进入核赔处理页面

序号	立案号	立案时间	理赔申请单号	核赔状态
1	JCL20161124151915	2016/6/2	JCS201606013792	未核赔

图 5－58　查看待核赔的保单

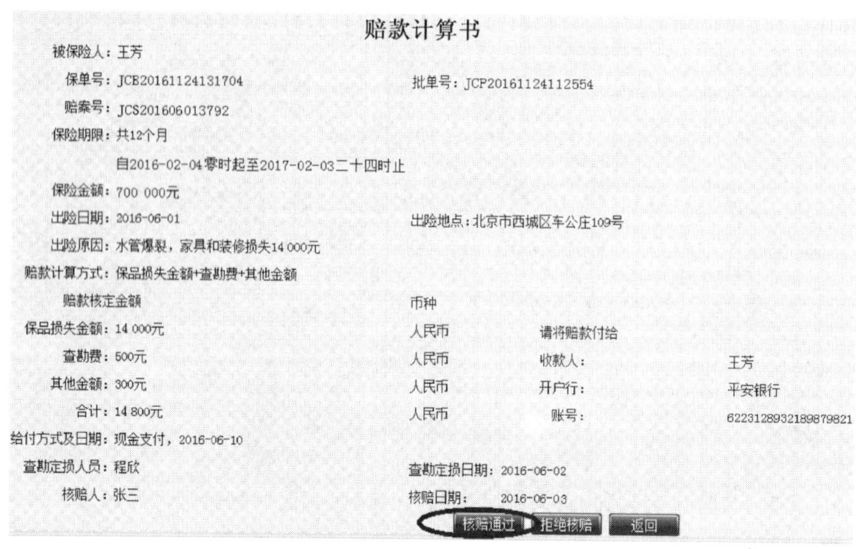

赔款计算书

被保险人：王芳

保单号：JCB20161124131704　　批单号：JCP20161124112554

赔案号：JCS201606013792

保险期限：共12个月

自2016-02-04零时起至2017-02-03二十四时止

保险金额：700 000元

出险日期：2016-06-01　　出险地点：北京市西城区车公庄109号

出险原因：水管爆裂，家具和装修损失14 000元

赔款计算方式：保品损失金额+查勘费+其他金额

赔款核定金额	币种	请将赔款付给	
保品损失金额：14 000元	人民币		
查勘费：500元	人民币	收款人：	王芳
其他金额：300元	人民币	开户行：	平安银行
合计：14 800元	人民币	账号：	6223128932189879821

给付方式及日期：现金支付，2016-06-10

查勘定损人员：程欣　　查勘定损日期：2016-06-02

核赔人：张三　　核赔日期：2016-06-03

核赔通过　拒绝核赔　返回

图 5－59　核赔通过

十、支付赔款

核赔通过后，中国平安保险公司财务部进行理赔支付，如图 5－60～图 5－62 所示。

图 5－60　进入核赔支付页面

序号	立案号	立案时间	理赔申请单号	操作
1	JCL20161124151915	2016/6/2	JCS201606013792	支付

图 5－61　查看待支付理赔申请

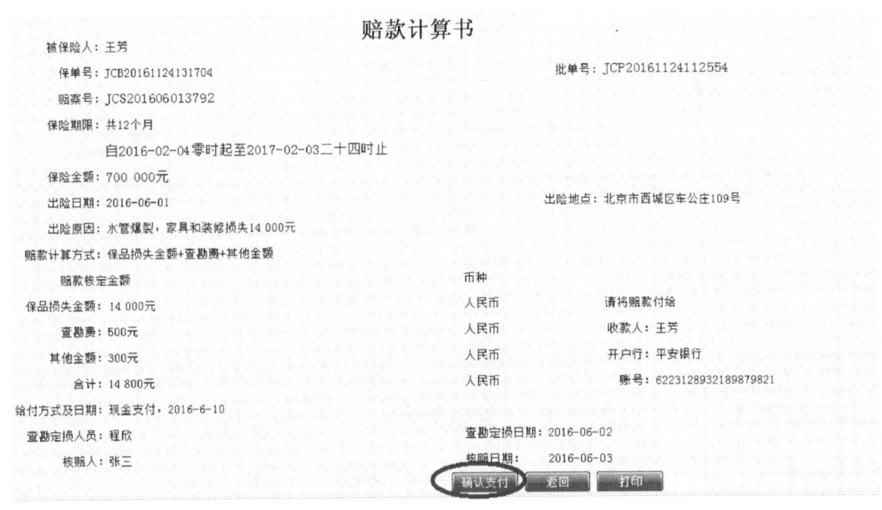

赔款计算书

被保险人：王芳
保单号：JCB20161124131704　　批单号：JCP20161124112554
赔案号：JCS201606013792
保险期限：共12个月
自2016-02-04零时起至2017-02-03二十四时止
保险金额：700 000元
出险日期：2016-06-01　　出险地点：北京市西城区车公庄109号
出险原因：水管爆裂，家具和装修损失14 000元
赔款计算方式：保品损失金额+查勘费+其他金额

赔款核定金额	币种	
保品损失金额：14 000元	人民币	请将赔款付给
查勘费：500元	人民币	收款人：王芳
其他金额：300元	人民币	开户行：平安银行
合计：14 800元	人民币	账号：6223128932189879821

给付方式及日期：现金支付，2016-6-10
查勘定损人员：程欣　　查勘定损日期：2016-06-02
核赔人：张三　　核赔日期：2016-06-03

确认支付　返回　打印

图 5－62　确认支付

十一、客户赔付确认

客户王芳到财产保险公司理赔中心进行赔款支付确认，理赔完成，如图 5－63 和图 5－64 所示。

图 5－63　进入理赔确认页面

序号	立案号	立案时间	理赔申请单号	处理状态
1	JCL20151124151915	2016/6/2	JCS201606013792	已结案

图 5-64 确认支付，理赔结束

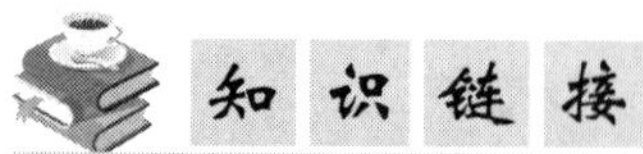

一、客户投诉的常见心理

（一）求尊重的心理

客户对在使用保险服务产品过程中产生的挫折和不快进行投诉时，总认为他的投诉是对的和有道理的，他们最希望得到的是保险客户服务人员的同情、尊重和重视，希望保险客户服务人员向其表示道歉和立即采取相应的措施等。

（二）求发泄的心理

这类客户在接受保险服务时，由于受到挫折，通常会带着怒气投诉和抱怨，以把自己的怨气、抱怨发泄出来，这样客户忧郁或不快的心情就会得到释放和缓解，从而求得心理上的平衡。

（三）求补偿的心理

客户投诉的目的在于补救，补救包括财产上的补救和精神上的补救。因此当客户的权益受到损害时，他们希望能够及时得到补救。

在一个投诉案例中客户往往不同程度地存在着上述三种心理，因此我们在接待客户投诉时要根据不同情况注意满足客户的不同心理需求。

二、从事投诉接待工作应建立的工作态度

（一）诚实、诚恳、诚心诚意

诚实、诚恳、诚心诚意是最好、最有效的解决客户投诉的方法与技巧。例如，我们在工作中经常会遇到客户因为没能及时领到赔款而投诉，对于这类投诉人，客

服人员应本着将心比心的态度来处理，给予充分理解。即使投诉人情绪失控对投诉处理人恶语相向，又或是把对其他工作人员或保险公司的怨气都发泄到投诉处理人身上，投诉处理人也不要过于计较。作为投诉处理人必须心胸宽阔。

（二）全程跟踪并督办，第一时间反馈处理进展或结果

从受理投诉开始，就要建立投诉档案，并做好跟踪与督办。

（三）调整好心态

良好的心理素质是投诉处理人的必备能力。不论遇到什么类型的投诉人，或处理多么复杂的投诉案件，首先得让自己保持心态平稳。遇到问题不能依赖唯一的方法，要多方努力。例如，当我们没有办法也无法取得投诉人的理解时，那么不妨试试找找他的朋友、保险代理人等，借助别人的力量，劝解投诉人“熄火”，即使不能完全化解矛盾，也会为处理问题多提供一条路径。

（四）实事求是，不承诺兑现不了或自己能力以外的事情

处理投诉案件必须实事求是，不能随意答应投诉人的要求。可以做到的就要兑现，有可能却没把握的事情不要随口答应，如果做不到会让客户失望，从而引发更多的矛盾。

图书在版编目（CIP）数据

保险客户服务 / 郭富娜主编．—北京：中国人民大学出版社，2017.5
教育部中等职业教育专业技能课立项教材
ISBN 978-7-300-24026-8

Ⅰ.①保… Ⅱ.①郭… Ⅲ.①保险公司－企业管理－销售管理－商业服务－中等专业学校－教材 Ⅳ.①F840.32

中国版本图书馆 CIP 数据核字（2017）第 021448 号

教育部中等职业教育专业技能课立项教材
保险客户服务
主编 郭富娜
Baoxian Kehu Fuwu

出版发行	中国人民大学出版社		
社　　址	北京中关村大街 31 号	**邮政编码**	100080
电　　话	010－62511242（总编室）		010－62511770（质管部）
	010－82501766（邮购部）		010－62514148（门市部）
	010－62515195（发行公司）		010－62515275（盗版举报）
网　　址	http://www.crup.com.cn		
	http://www.ttrnet.com（人大教研网）		
经　　销	新华书店		
印　　刷	北京昌联印刷有限公司		
规　　格	185 mm×260 mm　16 开本	**版　　次**	2017 年 5 月第 1 版
印　　张	10.5	**印　　次**	2017 年 5 月第 1 次印刷
字　　数	176 000	**定　　价**	26.00 元